給青年律師的信

亞倫・德修茲（Alan Dershowitz） 著

楊惠君 譯

Letters to a
Young Lawyer

聯經

Dershowitz

前言

給人提供建言，可以說是冒著極大的風險。我之所以知道這一點，一方面是因為我曾經接受別人許多不良的建言，另一方面，自己差不多也做過同樣的事。我在哈佛教法律已經37年了，在這段期間，跑來請我給他們建議的，恐怕不下幾千個人次。

所謂的建言，到頭來多半是一連串的指示，教人家要如何變成提供建言的那個人。人們似乎有一種強烈的需求，渴望能創新自我（或許正因為如此，我們才對複製技術這麼擔心）。我記得有一位傑出的教授，也是我的精神導師，告訴我應該如何循序漸進地把我當時正在醞釀的幾篇文章逐一發表，當時的情景依舊歷歷在目。沒多久，我恍然發現他其實只是在細數自己的出版史。他要我變成另外一個他，這一點，我其他幾位導師也跟他沒兩

樣。擔任聯邦最高法院大法官亞瑟‧高柏格
（Arthur Goldberg）的法官助理期間，他在事業上
給我的許多建言，總是希望我將來可以當上法官——
——可惜我志不在此。我在法學院的導師約瑟夫‧高
斯坦（Joseph Goldstein）教授，則是極力督促我專
心從事學術及理論研究——但我就是喜歡把一隻腳
踩進法律實務和政治的喧嘩世界裡。

　　有人說模仿是一種無上的恭維，我可從來不信
這一套，因為真正獨特的人是模仿不來的。不過你
多少可以從他們身上學到一些東西，只要你明白自
己並不是他，而是另外一個人，有自己的夢想、背
景，做事也有自己的優先順序。我們要瞭解兩者之
間的差異，並且根據他們的經驗和抱負，來推想自
己獨特的人生。

　　但是一定要小心，不要隨便接受別人根據「多
年的經驗」所做出的建議——包括我自己的建議也
不例外。在你鄭重其事地把這些經驗當一回事之

前，一定要先確定提供這個建議的人，已經從自己的經驗中學到了教訓。大多數的人都沒有做到這一點，只是一再地重複自己的錯誤。他們「多年的經驗」頂多只是多年來，一而再，再而三犯下同樣的錯誤而不自知罷了。

　　身為一個律師，尤其不容易發覺自己到底有沒有犯錯，因為傑出的工作表現和成功的結果，兩者幾乎沒有什麼關聯。當中牽涉到的變數實在太多。

　　記得自己剛出來執業的時候，讀到一位「經驗豐富」的律師所寫的一份上訴書狀。其中有一個部分早已過時，文中引述的一系列案件，不是遭到廢棄，就是不再援用。除此之外，這段文字的論證薄弱，文筆更是糟糕。由於他代表我當事人的共同被告，我要求他務必解釋為什麼要把這一段放進訴狀裡。他說只要是涉及憲法增修條文第四條的上訴案件，他照例都會把這一段放進訴狀裡。「這可是根據我多年來的經驗，」他鄭重向我保證。「我20年

來都是這麼寫的。」我問他有沒有因為這段話而打贏過任何一場官司。他停頓下來，思索了一會兒，然後說：「到目前為止還沒有。」這位律師現在已經算是位老前輩了。不久前我看到他的另外一份訴狀，裡面還是夾了同樣一段文字。他並沒有從多年的錯誤中學到任何教訓。這種經驗還是不要比較好。

還有，不要隨便聽信那些「批發的」、「現成的」或「一體適用的」建議。最好的建言永遠是零售的、量身訂做的、只能適用在登門求救的那個人身上。不過有些一般性的原則，只要補上你個人專用的零售式建言，可能還是有些用處。

各位可能會發現，本書的書名雖然叫作《給青年律師的信》（*Letters to a Young Lawyer*），書中所提出的建言，並非真的以「書信」的方式來傳達。書信，是時代的印記，在過去曾經是一種偉大的藝術形式。本書的靈感是來自里爾克（Rilke）的

《給青年詩人的信》（*Letters to a Young Poet*），而這部精彩的作品，本身就是里爾克詩作的延伸。雖然是倉促間寫成的書信體，字裡行間依舊洋溢著他的靈魂。筆者身為戰後科技革命的產物，並不是一個喜歡寫信的人。當然啦，我也口述了一些給編輯的信、討債信（該死的，這信真難寫。）、以及其他專業上的往來書信。但我很少寫私人信件。就算現在進入電腦時代，我對收發電子郵件也是興趣缺缺，反而經常侃侃而談。我的建言幾乎都是用口頭告知對方的。幸好我的文字風格和說話方式差不多。我從來不相信有另外一種叫做「法律用語」的語言——至少沒有一種以理解為目的的語言是這樣的。我教我的學生說，只要文筆好，書狀自然寫得好。對於那些辯才無礙，但文筆平平的人，我鼓勵他們要用心聆聽自己的聲音。我甚至還極力督促他們把自己講的話用錄音機錄下來，然後在寫訴狀的時候，盡量模仿自己的滔滔雄辯。

　　因此，本書接下來的內容，是把我將近40年所提出的口頭建言化為文字。這些都是口頭的書信。下筆的時候，我心裡想到的是形形色色的學生、朋友、朋友的兒女、兒女的朋友、同事、還有一代又一代曾經向我請教的陌生人。有時候我在下筆時，心裡存在著一個特定的對象。然而大多數的時候，我眼前看見的是各式各樣的人——有男有女、有老有少，有的人功成名就，有的人一敗塗地，有人幸福快樂，也有人鬱鬱寡歡。當然，會向別人請求建言的人，多半都不怎麼快樂，因為開心的人通常用不著我們這些不快樂的人提供什麼建言。話說回來，那些跑來向我請教的人，大多數已經有了凌駕於一般律師的成就。他們只是面臨了選擇。偶爾我會遇到一個其實沒什麼選擇的學生。他們通常是用問問題的方式向我請教：「我應該就此放棄，離開法律這一行嗎？」這算是絕無僅有的情形。一般來說，向我請教的人，往往有許許多多的選項等著他

們挑，而且每一條都是康莊大道。在我擔任律師的
實務生涯中，多半是替有罪的罪犯辯護，他們不外
是「壞」、「更壞」、「最壞」的選項，相形之
下，我那些才華洋溢，表現卓越的學生，他們的選
項通常不是「好」，就是「更好」或「最好」。

　　我心裡也明白，有些學生——特別是我自己的
學生——佯裝前來請求**建言**，骨子裡其實是想拜託
我給他們**幫忙**。他們也挺狡猾的，知道請教是一種
高度的恭維。他們也願意聆聽我的意見，只不過心
裡其實已經打定了主意，僅僅是想拜託我協助他們
達成預定的目標而已。他們知道提供建言的人，往
往會很熱心地幫忙接受建言的人把這項建議付諸行
動。舉例來說，學生在向某位法官或律師申請工作
的時候，常常會請教我對他們的意見。如果我告訴
他們，到某某人旗下做事是一個明智的決定，他們
的下一個問題常常是：「您可以幫我寫一份推薦信
嗎？」我想我可以分辨哪些人是來請求建言，哪些

人是來拜託我幫忙的。不過恭維常常會使人盲目，我懷疑自己有時也在無意間被灌了迷湯。

所有的建言難免都帶有自傳的色彩，其中至少有一部分是在教大家如何成為像自己這樣的人。在這本書裡，我盡量刻意地避免犯下這樣的錯誤（倒不是說各位有意要模仿我！）多年以來，有不少人直接挑明了問，要如何規劃出像我這樣的職業生涯。我當然明白自己的職業生涯與眾不同，別人很難有樣學樣。再說也沒有多少人想讓自己的工作充斥著這樣高度的爭議和兩極化的評價。去年受邀參加一場演講的時候，介紹我出場的人說我「擁有全世界最精彩的法律實務生涯。」我不知道這句話是否屬實，不過我倒可以證實自己每天的工作是如何的多采多姿。我每天的例行工作包括教一堂刑法課、和一群學生吃午飯、接一通死囚打來的電話、收一封在地球另一端的政治異議者寄來的電子郵件、考慮要不要答應人家到參議院委員會面前作

證、給「紐約時報」寫一篇專欄、上一個全國性的電視節目、接一封憤怒的觀衆威脅要幹掉我的信、向一位企業主管或政治人物提供審愼的建議、和外國的司法部長進行磋商、成爲羅許·林保夫（Rush Limbaugh）、比爾·歐萊利（Bill O'Reilly）或其他右派的談話性節目主持人攻擊的目標、聽我母親說敎、半夜還要接一通猥褻的電話，埋怨我的某一位當事人。

我的當事人包括「狄更斯式的一整排嫌疑犯」（這是《財富》雜誌的說法），貧富不拘，有的威名遠播，有的惡名昭彰，有的備受愛戴，有的叫人深惡痛絕。我很幸運，每年我都收到將近五千件的請求，委託我擔任他們的訴訟代理人，我不但可以從中選擇，也大可不考慮他們付不付得出律師費。我只從中選擇一小部分的案子，其中有一半都屬於無償服務的性質。這些案子都有一個共同的因素：當事人老是遭受不正義的待遇，無論他們可能是淸

白還是有罪的,都讓我十分光火。

在當事人的選擇上,我學到一件事,絕對不要把名人和迷人混為一談,也不要以為知名度高的官司就一定很重要。我回絕了許多名人和高知名度的案子,反而去替默默無聞的窮人打官司,只因為案件的爭議點非常要緊或迫切。

無論是擔任一名律師或是法學教授,我的職業生涯都談不上什麼代表性。然而因為個人對於當代律師生活中許多不同的層面,都有些許的涉獵,所以很願意把自己從這一次次冒險中獲得的見解,跟大家分享,希望有些人能從我的錯誤中得到收穫。

我寫這本書的目標,是鼓勵其他人從我的成功和失敗中學到教訓,看我做出正確或錯誤的決定時,也能從中得到領悟。

我最常被問到的問題包括:「你是怎樣才有今天的?」以及「你怎麼規劃出這麼有趣的職業生涯?」坦白說,「一切純屬偶然。」我沒有什麼偉

大的計畫或精心的設計，也沒有得到其他人的什麼指引。我最初只想在布魯克林當個無所不包的店面律師（storefront lawyer）（家母連店面都幫我看好了）。後來因為我在法學院的成績優異，就決心成為一名法學教授。後來我決定替幾位當事人打官司，以拓展自己的專業背景及加強教學技巧。然後決定執筆撰寫通俗的專欄和文章。然後決定寫書，這樣一來，我勢必又得發表公開演說。最後終於確定，自己喜歡這種多采多姿的工作。當然，不是每個人都適合我這種生活方式。我工作太辛苦、得罪了太多人、釀成了太多爭議、也太容易煽動情緒。總而言之，就是太不知天高地厚。不過我對生活和法律實務的多樣性都有足夠的體驗，或許我的經驗能幫助其他人，選擇自己想要的人生和事業。

在這本書裡面，我提出了種種實際的建言，包括職業生涯、對於正義的哲學反思、有關勝訴和敗訴的心理學見解──甚至推測到底有沒有可能同時

做一個優秀的專業律師和一個好人（按照家母的說法，就是一個「受景仰的人」）。

本書最欠缺的，就是我和那些聽取建言的人在進行實際對話時的互動性。這方面我們可以盡量彌補。無論對我的建言有任何反應，都可以用電子郵件寄給我，我也會盡量回答。這樣一來，我們就可以把獨白變成對話。這是我的電子郵件地址：alder@law.harvard.edu。如果有人和我一樣，不怎麼喜歡收發電子郵件，我的郵寄地址是：Harvard Law School, 1575 Massachusetts Avenue, Cambridge, MA 02138。

懷著戒慎恐懼的心情，我一腳跳進了提供建言的工作，或許是希望可以避免自己以前經驗過的某些困境，但我也很清楚，自己還會栽進其他的陰溝裡。

目次

前言

第一部分 人生與職業生涯

XIII

第二部分 輸贏之間

第三部分 做一個好人

第一部分
人生與職業生涯

愼選你心目中的英雄

　　律師多半容易崇拜英雄。這可能是因爲我們的工作往往遊走在倫理的邊緣，所以必須創造出具有英雄色彩的典範，來作爲仰望的對象。我們爲自己心目中的英雄罩上一層迷霧，遮掩他們身上的缺點，把他們變成永不犯錯的聖人。直到最後眞相大白的時候，就算不至於幻滅，至少也感到很失望。這樣的過程，我已經歷過好幾次，可以說再清楚不過了。

　　我個人的法律英雄包括克萊倫斯・丹諾（Clarence Darrow）、奧利佛・溫道爾・何姆斯（Oliver Wendell Holmes）、路易斯・布蘭迪斯（Louis Brandeis）、菲立克思・法蘭克福特（Felix Frankfurter）、雨果・布雷克（Hugo Black）、威廉・道格拉斯（William O. Douglas）、瑟古德・馬歇爾（Thurgood Marshall）、和威廉・布瑞南（William Brennan），以及我當法官助理時所服務的兩位法官——大衛・貝澤隆（David Bazelon）和

亞瑟・高柏格。我在耶魯的幾位法學教授，以及在哈佛共事的幾位老前輩，也是我心目中的英雄人物，但願自己有一天能和他們一樣，成為法律的巨人。在我所生長的社區和家族，叫不出幾個法官或律師。我祖母是移民，我清楚地記得自己是怎樣央求她介紹我認識她的朋友——布倫克夫法官（Judge Berenkoff）。她問我幹嘛要見布倫克夫法官，我對祖母說，因為他是個法官啊。祖母哈哈大笑，說布倫克夫是在市場裡的肉販子。「那您幹嘛老稱呼他法官呢？」我問。「因為他的名字就叫這個，」祖母說。「法官（Judge），G-E-O-R-G-E。」祖母帶著濃濃意第緒語的腔調，慢慢把他的名字拼出來。在小時候居住的布魯克林社區裡，勉強和我扯得上關係的，大概就屬這位布倫克夫「法官」了。因此，經過多年的尋尋覓覓，終於在這幾位法官、執業律師和法學教授身上，找到了自己夢寐以求的典範——他們有的還活著，有的則已

經與世長辭。

　　如果我的英雄已經辭世，相關的報章書籍，我是一個也不放過。在求學期間，法律傳記差不多就是我的聖徒行傳。在我成長的那個年代，公眾人物的傳記大多洋溢著一片讚美之聲。在我那個時代，《不幸者的代言人》（*Attorney for the Damned*）把丹諾給美化了。《天生英哲》（*Yankee from Olympus*）把何姆斯大大讚揚了一番。舞台劇和電影版《良相佐國》（*A Man for All Seasons*）裡的湯瑪斯‧摩爾（Thomas More），更是一夫當關的英雄好漢。

　　我永遠不會忘記那一天，我看到偉大的演員保羅‧穆尼（Paul Muni）在百老匯舞台劇《承受清風》（*Inherit the Wind*）裡，飾演偉大的律師丹諾。看著「丹諾」（劇中叫作「杜洛蒙」）對「威廉‧詹寧斯‧布萊恩」（劇中叫作「布萊迪」）進行交叉詰問，我心裡清楚地知道自己想成為哪一種

律師，而且非得當這樣的律師不可。但我也永遠不會忘記多年後的那一天，我初次聽聞丹諾為了確保刑事案件的當事人可以無罪開釋，或使得陪審團無法做出判決，幾乎可以確定是賄賂了證人和陪審員。這時我整個人都崩潰了。我所崇拜的英雄出現了致命的缺點，這位法律巨人就在我眼前崩潰瓦解。曾經有人請我替一本研究丹諾的新書寫書評，作者傑佛瑞‧科恩（Geoffrey Cowan）對書中的主人翁大體上是採取同情的態度，他提出了強而有力的論證，表示丹諾的當事人是激進的工會份子，而對手的大企業不惜一切手段要將其入罪，丹諾為了和大企業來一場公平競爭，不得不出此下策。我不吃這一套。無論出於何種動機，丹諾賄賂陪審員的證據確鑿，所以永遠沒有資格作為律師的表率。我們不允許任何人藉著任何理由來腐化法律體系，即使是為了有一場公平的競爭。

　　科恩在他這本書裡寫道，法學院並沒有教賄賂

這種招數。我在書評中也同意這一點：

　　我們不在法學院教這種「招數」，是因為這不是律師的工具。革命份子或司法體系以外的人，也許是可以使用這種工具，或許還可以用革命的手段－目的計算，來說明它的正當性。不過律師做的是律師的工作，不管面對多大的誘因，都不能耍這種招數。律師可以抱怨對手的腐敗；律師可以暴露或譴責——如果出於正當的動機，也到了不得不路見不平、拔刀相助的地步，甚至可以堂堂正正地辭職不幹，投身革命事業。但是身為一名律師，不能夠為了爭取正義而同流合污。既然科恩已經提出了充分的證據，證明丹諾跨越了這條界線，那他就沒有資格披著榮譽的外衣，驕傲地享受大半個世紀的光環。我們這些把丹諾看成英雄的人，會因為他這個致命的缺點而大失所望，不過……歷史的嚴厲要求，必然會壓過任何炮製聖徒行傳的意圖，儘管傳

記的主人翁是極少數彷彿有資格號稱法律聖徒的人物。

　　然而在這些學術性的言辭之下，隱藏著我個人不知該如何說出口的失望——甚至是痛心。電影《北非諜影》裡的警長得知瑞克餐廳有聚賭情事的時候，佯裝一副非常驚訝的表情，但我的震驚可是真實而深刻的。連續幾個星期都無法平靜下來，我竟然在丹諾的玩弄之下，相信他就是我心目中嚮往的那種律師，只要一想起這件事，我就不禁傷心欲絕。雖然丹諾早已離開了人世，我對他的憤怒是一種非常個人的情緒——感覺就像是被一個親密的朋友或愛人背叛，多年來一直無法釋懷。

　　後來當我得知自己心目中其他的英雄大多也都泥足深陷時——或至少有一隻腳踩進爛泥裡——感覺就不像當初那樣痛徹心扉。這些幻滅的過程沒有那麼突然。從何姆斯給友人的書信中，發現他個人

私底下所信奉的價值觀著實令人髮指，我的失望便不如當初那麼立即而明顯。何姆斯贊成把無能的人絕育——或許是謀殺。他在信中表示贊成殺死「任何不符合標準的人」以及「把沒有通過檢驗的嬰兒給殺了。」[1]在支持強制絕育法的合憲性時，他贊成替一名被誤列為「低能」的婦女進行絕育手術。有幾千人都是依照何姆斯的判決先例而被強制絕育，其中不少還是診斷錯誤的案例。連納粹都援引這個判例來支持他們的種族優生計畫。

現在我在哈佛坐的是法蘭克福特的位子，當我讀到他在大屠殺期間如何拒絕幫助歐洲的猶太人，就對這個人深惡痛絕。不過我老早就見過法蘭克福特大法官，對他既然沒什麼好感——我覺得他是個心胸狹窄的馬屁精——自然也談不上什麼失望。但布雷克大法官就不同了，我知道他晉升到聯邦最高

1　Alschuler, Albert, *Law Without Values* (Chicago, 2000), pp. 28–29 引述。

法院之前，曾經加入3K黨，但以為他早已揚棄了
早年種族歧視的想法。後來我在聯邦最高法院擔任
法官助理的那一年，他對一群助理談話，一聽就知
道他心裡還殘留著種族偏見。再說我感覺他這個人
食古不化得要命，一點都不願意接受新想法。道格
拉斯大法官的思想就非常開通，可是對法官助理、
秘書和其他的法院員工的態度很差。他還跟我當時
的上司大衛・貝澤隆法官大吵一架，其中透露出的
人格特質，讓我非常震驚。當時有一家私人俱樂部
邀請貝澤隆演講，道格拉斯也是這家俱樂部的會
員，他們一向把猶太人和黑人列為拒絕往來戶。本
身是猶太人的貝澤隆婉拒了這個邀約，表示他不會
到他自己或其他人沒資格參加的俱樂部演說。道格
拉斯打了一通電話給貝澤隆，開始指責他「心胸狹
窄」。貝澤隆示意要我拿起另外一支聽筒來聽。我
簡直不敢相信自己所聽到的話。這位高舉種族和宗
教平等的典範人物，竟然想說服我的老闆犧牲自己

的原則，到一家實施種族隔離政策的俱樂部演說。貝澤隆堅持立場，道格拉斯就在盛怒中，砰地一聲掛上電話。

　　我所崇拜的其他幾位英雄——布蘭迪斯、馬歇爾和布瑞南——身上的缺點沒那麼嚴重，不過當我知道他們的真面目時，還是禁不住有些許失望。布蘭迪斯當律師的時候，曾經做出一些在倫理上令人質疑的行為，因為他有時候會自以為是「案情顧問」，而不是某一位當事人的辯護律師。馬歇爾打官司的時候，常常沒做什麼準備就出庭，就連聯邦最高法院的重大案件，也是這樣虛應故事。布瑞南多年來堅持不肯雇用女性的法官助理，而且只要助理參與的左派活動成了重要媒體報導的題材，他就——在首席大法官厄爾·華倫（Earl Warren）的堅持下——請人家走路。但即使知道他們不是什麼完人，我對這三位大法官還是有著無比的景仰。

　　我曾經服務過的兩位法官也一樣。當你固定每

10

天都要和某個人互動的時候，他們的優缺點都會被放大。英國有這麼一句諺語，「管家眼中無英雄」，在助理的面前，也沒有任何法官能維持完美無瑕的聖人形象。貝澤隆大法官和高柏格大法官雖然稱不上完美，不過在許多重要的層面上，都是我的模範，曾經讓我獲益匪淺的幾位教授，以及與我共事過的幾位前輩，同樣也都是我學習的對象。

所以，請不要搞英雄崇拜。對於具備傑出特質的人，我們固然要景仰，但也要明白，每個人都有人性的小缺點，而有些人的缺點比其他人多一些。把失望當成意料中事，如果你有機會親自認識自己景仰的對象，更要把這一點銘記於心。學會接受失望，但仍然要用心學習你的英雄身上那些值得仿效的人格特質。但即使是獨一無二的人格，也很少是完美無瑕的。

法律不是什麼完美的行業，要在這一行功成名就，多少必須犧牲一些原則。[2]因此所有的執業律

師——以及這個行業其他大多數的人——必然是不
完美的，在年輕理想主義者的眼中更是如此。完美
無瑕的正義並不存在，就像倫理學沒有所謂的絕對
事物。不過世界上的的確確存在著完美的不義，等
我們親眼看到，自然就會知道了。

　　學校總是敎學生要尊敬聯邦最高法院的大法
官，當他們終於不得不相信，有五位大法官在2000
年大選時阻止佛羅里達州用人工計票，而違反了大
法官的就職誓詞，我眞不知道這麼多法學院的學生
會作何反應。法官誓詞中要求每一位大法官「伸張
正義，不因人而異……」。

　　這五位法官無視於他們的就職誓詞——完全不
理會他們先前的判決和著作——下令停止計票，以
確保特定人士——小布希——當選。如果法律條件
完全相同，而判決結果卻會確保高爾當選的話，那

2　這種犧牲可能眞的是個人和專業原則之間的衝突。見第六
　　封信。

他們無論如何也不會停止計票。不信的話，就想想下面這個法學院出的假設性問題：如果在選舉案發生的六個月以前，請一千位最知名的憲法教授、聯邦最高法院的訴訟律師、以及在最高法院跑新聞的記者等，粗略地評估一下最高法院在佛羅里達州一案中的多數意見，不妨想像一下結果會是什麼。不過這裡有個訣竅：訴訟兩造當事人的名字和他們的黨派關係，一律隱而不宣。

　　有誰相信這些法律專家會預測出這五名大法官最後是這樣投票？事實上正好相反，根據首席大法官藍奎斯特（Chief Justice William Rehnquist），以及史卡利亞（Antonin Scalia）、湯瑪斯（Clarence Thomas）、和歐康諾（Sandra Day O'Connor）這幾位大法官過去的判決，大多數的人當然會預測他們絕不可能參與這樣的判決。畢竟這幾位法官曾經一再裁決，州政府如果依據更模糊不清的標準來處決已經定罪的殺人犯，並不違反同一條平等保護的條

款。如果領先幾百票的是副總統高爾，而要求重新計票的是布希州長，這時候高爾提出任何要求平等保護的主張，我相信都會被這幾位大法官嗤之以鼻。

如果我這番話是對的，那除了大法官們在判決時是**因人而異**以外，還可能是怎麼回事？根據個人或黨派的政治立場——訴訟當事人的黨派關係——來做出判決，是違反了司法判決的第一條規則：絕不可根據個人好惡來對案件做出判決。

對於這個案件，我在別處已經有過非常詳細的討論。[3]但我在這裡提出的論點有些不同。我這裡要談的，是理想的幻滅，因為發現有些大法官其實會舞弊而產生的幻滅。各位可能早就懷疑，下級法院的法官會偏袒支持他們獲得當選或任命的律師和訴訟當事人。可是聯邦最高法院的大法官也會徇私

3　*Supreme Injustice*, New York: Oxford University Press, 2001.

舞弊？就連一輩子秉持犬儒主義的我，都萬萬沒有想到。像這樣殘酷的事實被揭露，是否會影響你對法治的奉獻？因此**你**就可以堂而皇之地作弊嗎？

我希望這會讓你對法治加倍奉獻，在從事法律業務的時候，也會秉持著百分之百的誠實。各位應該也會因此而對所有法律和司法機關抱持更多的懷疑。不要相信任何掌握權力的人，包括——尤其是——法官。不要聽信法官意見書表面的意義。回去閱讀意見書的謄寫本。檢查其中援引的案件。你會發現，法官「巧妙操弄」事實和法律，次數多得讓你嚇一跳。法律觀察家往往想當然耳地認為法官在理智上是誠實的。必須仰仗各位來揭發法官嫻熟的詭計。只要察覺出有什麼不法情事，就立刻向法官會議、美國律師公會和國會揭發。同時對自己提出的批評要有絕對的把握，以免反而被人指控不專業（千萬別忘了，法官和律師可是會相互遮掩的）。

在此同時，面對現實吧。要知道法官也是人，

15

美國大多數的法官之所以能得到今天的地位，就是
靠玩弄黨派政治的遊戲，而且還是箇中高手。心存
懷疑的消費者，才是對司法體系最好的監督者。

　　這必須從法學院開始。必須從諸位開始。

　　說到這裡，我必須承認，我心目中還是有一位
完美無瑕的英雄。他是一位律師，但他的英雄氣概
主要並不是表現在他專業的角色上。我甚至見過他
本人，算得上是點頭之交，但這絲毫沒有減損他的
英雄地位。他的名號並非家喻戶曉，他獨特的英雄
行徑也永遠不可能被複製——至少我希望不會。他
的名字叫做詹恩・卡爾斯基（Jan Karski），在2000
年7月辭世，享年86歲。28歲那年，他是波蘭的一
位律師出身的外交官，這位從天主教學校畢業的年
輕人暗中潛入猶太社區和死亡集中營，報導當地可
怕、甚至可以說是要命的情況。他被納粹的秘密警
察逮捕，並且慘遭刑求。逃獄之後，他再度回到死
亡集中營，不斷冒著生命的危險。他拔下自己的牙

齒，除了改變容貌，同時也避免被發覺。他揭發納粹占領下的波蘭到底是什麼慘狀，因為他而逃過一死的，恐怕不下數千人之多。可是當他帶著鉅細靡遺的情報偷渡離開波蘭之後，透過管道見到了華盛頓最重要的猶太人——和羅斯福總統關係非常密切的一位猶太人——法蘭克福特大法官。卡爾斯基憑著一個傑出的律師對細節的記憶力，把他數度造訪猶太社區和死亡集中營所看到的情形一一詳細報告。法蘭克福特拒絕轉呈羅斯福總統，說他不可能會相信卡爾斯基所說的話。事實上是法蘭克福特不想用自己的公信力來支持一份他認為羅斯福可能不相信的報告，因而危及和羅斯福之間的友誼，以及對他的影響力。這兩個人，一位是真正的英雄，一個是人格千瘡百孔的重要人士，差別就在這裡。理解兩者之間的差異，作為你人生的指引。

第二封信
活出時代的熱情

　　熱情不應該被鎖在臥房裡，而必須擴展到你一生的志業上。你在工作上投注的時間和精力，會遠超過做愛——或運動、吃東西或聽歌劇。然而我們一般都建議律師要冷靜、抽離、客觀、超然——一言以蔽之，就是要專業。只要妥善運用，熱情和專業精神之間並沒有任何矛盾。

　　熱情是原動力。專業精神是執行任務的手段。即使手段本身要求客觀和超然，熱情還是可以刺激我們對這些工具做出最佳的運用。

　　有時應該把你的熱情展現給所有人看。一位有效率的律師可以用熱情——要有選擇性，而且要做出調整——來作為辯護的工具。但不要過了頭，不然影響力就會越來越小，就像喊「狼來了」的小男孩一樣。

　　除了法律專業上的價值以外，熱情更是一種重要的生命力。我曾經親眼看到律師對工作的態度變得超然、抽離而冷靜，以至於做什麼事都提不起熱

情。專業的超然已經主宰了他們的生活。

　　吉伯特和蘇利文的《日本天皇》（*Mikado*）就是譴責那些老是在懷舊的人。詩人愛德華·阿靈頓·羅賓遜（Edward Arlington Robinson）創造出米尼弗·契維（Miniver Cheevy）這樣一個角色，「熱愛昔日的時光」，並且「哀嘆往日不再」。許多人在科幻小說、歷史、和幻想文學中逃避現實。何姆斯鼓勵其他的律師要活出他們時代的熱情，其實正是一語中的。中國有一句老話：「亂世為人，不如太平為犬。」我卻覺得活在亂世是一種福氣。除非碰上了屠殺猶太人這種莫大的浩劫，否則每個人都有能力決定要讓自己活得精采豐富，或是一成不變。關鍵在於態度。

　　我以前教過的一個學生最近寄來一封信，信中直接就談到這個問題，令我感到十分欣慰。在他的許可之下，容我引述信中的內容：

親愛的德修茲教授：

　　曾經有六年左右的時間，我有幸得到您來擔任我的待問刑法教授：您大概可以從信箋上猜出來，從哈佛畢業以後，我並沒有繼續從事刑法方面的工作。但是我聽取了您當年在課堂上不斷給我們的建言：繼續創造一個適合自己的職務，作自己喜歡的工作（結果發現我的興趣是勞工及就業法）。

　　您第一次鼓勵我們要打造出屬於自己的職業生涯時，我還不確定您的建議能不能用在我身上。我知道自己可能會到一家大型事務所任職，也知道剛開始的差事都將由事務所的合夥人指派。可是等我終於進入波特・萊特事務所（Porter Wright），就決定要試著創造出適合自己的職務，由於波特・萊特接受了我的提議，我每天上班就和您當年上課時一樣：以身為一名律師而振奮。

　　過了幾個月，一位同事要我說出自己最喜歡的

哈佛法學院教授。我喜歡的教授很多，朋友對我提出的名單大致上也不覺得驚訝。不過當我提出您的大名時，這位朋友（他並不是您的學生）抬起了眼眉。他知道我在政治上偏向保守，竟然會提出一位在政治信念上和我南轅北轍的人，我想他是有一點驚訝的。不過我把您列為我最喜歡的教授之一，和您的政治觀點一點關係也沒有。如同我向友人解釋的，您給了我一個哈佛任何一位教授都比不上的絕佳建言。而且比起大多數的教授，您更是每天身體力行地證明，您是多麼喜歡當一名律師。

（這樣的一封信令人甚感欣慰，和我辦公室每天收到的那些騷擾信件，可謂旗鼓相當，那些信出自三教九流的神經病、死硬派、和充滿憎恨的市民之手，許多話都是不堪入耳的。最近有一封還可以看的信，是一位哈佛的校友寄來的，他——不是我的學生——寫說我讓大家想起「討厭而邪惡的伍

迪‧艾倫」，而且不付錢叫學生白做事來「剝削」他們。他們的酬勞可都是我自掏腰包的。）

　　班傑明‧卡多索法官（Judge Benjamin Cardozo）在紐約上訴法院任職期間，曾經有一位法學院的學生問為什麼他接到的案子都很有趣。他回答說，在他開始動腦筋思考之前，這些案子其實也沒什麼意思。我在貝澤隆大法官身上也觀察到這個現象，他總有辦法用最平凡無奇的刑事案件，對刑事責任、辯護律師的角色、以及貧窮和犯罪之間的關係，提出最深刻的法律和道德議題。他的意見書和他一生的志業，正反映出他的熱情。這種熱情也是會感染的，跟過他的許多年輕律師都感染到這股熱情。我知道我也一樣。

第三封信

愼選你心目中的英雄

　　你的母親曾告誡你說，交對朋友是很重要的。不過找對敵人也一樣重要。選擇敵人要和選擇朋友一樣小心。一批眞正精釆的敵人，往往可以明確地彰顯出一個人的勇氣和道德。世上充滿邪惡之徒，非得有人挺身和邪惡對抗不可。正如愛德蒙‧柏克（Edmund Burke）所言，「只要好人保持沈默，邪惡便可得逞。」馬丁‧尼莫拉（Martin Niemoeller）在路德教會公開反對納粹的種族意識形態，身爲反納粹的認信教會（Confessional Church）創始人之一，他對這種現象就有親身的體驗：

　　他們先是來抓共產黨，但我不是共產黨員，就沒有說話。接著他們又找上了社會主義者和工團主義者，但我不具備這兩種身份，所以也沒有發言。後來他們開始逮捕猶太人，可是我不是猶太人，所以也沒有挺身而出。等他們找上我的時候，已經沒有剩下任何人可以替我仗義執言了。

如今在我們所生活的世界裡，一個完全沒有樹敵的律師，八成是個懦夫或阿諛奉承之輩。一個選對了敵人的律師，往往能夠挑戰強大的利益，為貧窮、被剝奪公權和遭受歧視的人挺身而出。

不要想變成一個「莎莉‧李」式的律師。別忘了那句廣告：「沒有人不喜歡莎莉‧李。」當然沒有，因為那是一塊蛋糕！你是當事人進行主義制度（adversarial system）下的一名律師。如果每個人都喜歡你，那一定有問題。表示你不夠強硬。不敢挑戰爭議性的案件。任由自己和其他律師之間的友誼凌駕於當事人的利益之上。你是個馬屁精。

我不是建議大家要無緣無故地討人厭，我知道自己有時候會這樣。就像家母說的，「蜂蜜比酸醋更能抓到蒼蠅。」雖然我們的工作不是抓蒼蠅，但最好還是倚靠友誼而非恨意來照顧當事人的利益。不過在一個當事人進行主義的世界，敵意有時候是難免的。所以要慎選你的敵人。要知道你希望會喜

歡你的人,和你希望來憎恨你的人,兩者有哪些差
異。我們多少應該從這個人和哪些人為敵,來判斷
他或她是什麼樣的人。

第四封信
不要做自己最擅長的事

　　在我認識的那些極度不快樂的人裡面，有些就是先找出自己最擅長什麼，然後依照其獨特的專長來量身打造自己的工作。問題就是你最擅長的工作，未必會帶給你最大的滿足感，也未必是最重要的。我國的教育體制引導學生去修習自己專長的課程和領域。畢竟要進入大學和法學院就讀，分數還是很重要的。修自己專長的課程也沒關係，不過課程只會上幾個月，人生卻是永遠的。所以要挑選一個能在自己的長處和滿足感之間取得平衡的職業生涯，或是在其中選出一個這樣的領域。這份工作應該每天為你帶來挑戰，讓你一起床就會積極地面對當天的挑戰。無論是如何地樂在其中，你顯然不會想要選擇自己不是很在行的事情（對我來說，是籃球）。選一個你相當擅長的領域，但又能帶給你許多的樂趣，讓你每天早上等不及要起床工作。

　　我剛進這一行的時候，還沒有這麼高的爭議性，那時有人請我擔任法學院的院長和大學校長的

職務。我對自己還有足夠的瞭解，所以一一婉拒。其中有一次我寫了一封「格羅克·馬克斯」（Groucho Marx）式的回函，表示我無意加入一個會請我當院長的團體——這裡指的是一間學校。無論院長或校長，都必須有團結眾人的能力，而我只會製造分裂。我是一個煽動者，而非調停者。儘管很享受擔任院長、校長、或是法官的名望，但一定會很痛恨這種工作日常例行公事的層面。

有人之所以接受聲望高的工作——院長、主席、法官、教授、合夥人——純粹只是因為受到邀約而沾沾自喜，這樣的人我認識太多了。我們要瞭解，得到一份職務的邀約和接受這份邀約，畢竟是兩回事。有人**邀請**你擔任這樣一份有名望的職務，難免會讓人洋洋得意，甚至對事業也有所提升。但除非這份職務——在受到邀約的人生階段——適合你，否則絕對不應該貿然**接受**。

說到這裡，還要提醒大家一點：不要過度熱愛

27

自己的工作，如果你是一名律師，更要謹記這一點。在我還是一個年輕律師的時候，業界的前輩就說法律是一個妒忌的情婦，或是談論熱愛法律這回事，但不要愛上法律，因為這樣到頭來你一定會大失所望。要知道，法律是一種工具、一種機制、一種建構出來的東西。我們生活中有許多像這樣虛假的偶像。從某方面來說，其實沒有一種東西叫做「法律」。我們所謂的法律是一個過程、一群人、一些理念、判決先例、書籍。不要尊敬法律，除非它值得你尊敬。不管是納粹德國、實施種族隔離政策的南非或美國南方，這些地方的法律都不值得尊敬。我們應該遵守聯邦最高法院對布希訴高爾一案（Bush v. Gore）的判決——這是法治生活的精神。但我們不應該尊敬這個判決，也不該尊敬寫出這份判決書的那些披著法袍的騙徒。如今美國的法律，有時候值得尊重，有時候則應該予以譴責。我們當然必須隨時隨地遵守法律，但沒有景仰的必

要。誠實比尊重更加重要。

　　如果不愛法律，那（除了自己心愛的人以外）
又應該愛些什麼？愛自由吧。愛正義吧。愛法律所
產生的善。企圖心不會帶來失望，只要你瞭解，為
自由、正義、或其他任何值得追求的事物而奮鬥，
稍一不慎就會前功盡棄。

第五封信
不要到臨終前才後悔

我們都聽過那句陳年老話，「從來沒有人在臨終前，後悔沒有花更多的時間在辦公室裡。」這是當然的！**如果**你這一生在專業和經濟上已經達到了高度的成就。不過事實上有很多人是**應該**後悔沒有花更多的時間在工作上。這些人是因為懶散，不然就是搞錯了事情的優先順序，才沒辦法把潛力完全發揮出來。我們幾乎沒有聽見**他們**在臨終前悔恨：「該死，我應該多花點時間在工作上，少花點時間陪我那些忘恩負義的兒女，和那個跟另外一個更有成就的男人跑了的老婆。」

事實上，因為達不到專業目標而衍生出來的挫折感，可能對家庭和個人生活帶來嚴重的傷害。至少對某些人而言，專業成就和家庭幸福有著直接的關係。這不是否認許多成功人士實在花了太多時間來賺取更多更多的金錢，反而沒有花什麼時間和家人一起享用這些錢。

在專業和家庭生活之間找出適當的平衡，是專

業人士所面臨的一項最困難的挑戰。而且也沒有一種平衡是一體適用的。每個人都必須決定最適合自己的優先順序。

就像〈傳道書〉說的，「凡事都有定期」，處事的優先順序可能會隨著時間改變。如果矢志要當上法律事務所的合夥人，多花點時間在辦公室裡，可能是一個明智的作法——恐怕甚至要延後生小孩的時程，或是把養育兒女主要的責任交給不必拼命爭取升任合夥人的配偶。對某些夫妻來說，性別可能是一個因素，然而其他夫婦對優先順序的選擇可能是性別中立的。

我在某些朋友和學生的身上，觀察到一種隔代的現象。第一代的律師——如果律師的父母都是勞工階級的移民，沒受過什麼正規教育，那這種現象更是明顯——往往會選擇努力工作來爭取事業上的成就，而不會親力親為地養育兒女。像這樣有高度企圖心、事業又成功的專業人士，他們的子女所選

擇的優先順序往往跟父母南轅北轍，因爲在父母——
——絕大多數都是父親——的優先順序之下，兒女既
是受害者，也是受益者：一方面，他們比較不能得
到父母親自的養育，另一方面，他們卻享受到父母
辛勤工作所帶給他們的經濟保障。他們相信自己是
父母親——成功慾望下的——犧牲品，便設法不讓
同樣的歷史在自己的子女身上重演。他們比較不需
要金錢上的成就，也不是那麼重視，因爲他們的父
母之所以辛勤工作，就是爲了讓兒女得到自己所欠
缺的那種安全網。

　　這些世代變遷的過程，在不同的家庭裡顯然也
有所差異，但每個家庭都有自己的作用－反作用現
象。重點是在於優先順序的決定會受到許多因素的
影響，有些是有意識的，有些是無意識的。不過無
論如何都應該**有一個決定**！所謂的優先順序，絕大
多數都沒有經過明確的抉擇，似乎自然而然就發生
了。除非過了很多年以後——但願不會像那句老話

說的，要一直到臨終之前——我們才會恍然大悟，自己做了什麼選擇、選擇了什麼樣的優先順序、走上了哪一條路。但到時已經來不及了，我們不可能回到那條幻想中的岔路上，探索當年沒有走的那條路。

然而，在某種程度上，我們都對那條神祕的路念念不忘。正因為如此，佛洛斯特（Robert Frost）那首詩才能一直緊緊攫住我們的想像。當初沒有走的那條路，看起來總是比較讓人心動——可能是因為路上的崎嶇，不像當時所走的路那樣，讓我們點滴在心頭。像這樣整天念念不忘，有時會讓人積弱不振——滿腦子都想著這件事。我有一個親人，夜裡總是難以成眠，不斷思索著她的人生會是多麼不一樣，要不是當初……她明知道這是一種情緒能量的浪費，但就是克制不住。當然，其實真正的人生路上，根本遇不上幾個明顯的岔路。只有到了為時已晚、回不了頭的時候，才恍然察覺到當初

是遇上了岔路。重要的是那些還留在我們眼前的岔路。我們必須從以前錯過而不自知的經驗中,學會辨認眼前的岔路。

想辨認眼前的岔路,我們有一條線索,就是先瞭解什麼叫做真正的岔路,什麼叫做優先順序的短期變動。每個決定都有它的後果,而且沒有什麼後果是可以完全逆轉過來的,但有些決定會走到無可挽回的地步,有的卻只是延緩了某一個目標的進程,而有利於另外一個目標,兩者之間還是有很大的不同。前者就像是明明一定會當上一家大型事務所的合夥人,卻在這時候離職,跑去好萊塢寫劇本。即使是大衛‧凱利(David Kelly)這位當前最紅的法律編劇,主要的制式律師事務所多半都不可能再讓他回鍋,繼續排隊等著當合夥人。後者的例子,則像是離開一家大事務所,到政府單位就職——或是回家幫忙帶小孩。

希臘哲學家大力頌揚平衡的人生。兩千五百年

以後，我們還是琢磨不出達到平衡的完美公式。這是因為每個人的公式都不一樣，而且沒有一個人擁有這種天賦，可以分毫不差地洞悉自己的人生，並且預知什麼樣的優先順序可以充分達成這個公式。人生是一場冒險，沒有任何既定的路程。我們都會犯錯，做出讓自己後悔的事，或者根本辦不到這些事。我們最多只能希望從經驗中記取教訓，而不要對錯誤的選擇念念不忘。人生不可能重新來過，但通常不會只有一次好球的機會。所以不妨趁著死期還早，好好想想臨終前可能後悔些什麼，趕快對症下藥，以免後悔莫及。

第六封信
不要聽信「現成」的建言

自己開一家事務所。在一家大型事務所爬到合夥人的位子。加入一家小精品店。擔任政府的律師。從事公益性質的工作。參選眾議員。到好萊塢寫劇本。從商。給報紙寫文章。改行當投資銀行家。

我相信你一定聽過上面這些建言，就算不是全部，也差不了多少。我認識一些教授和其他的律師，對每一位登門請教的人——甚至有些人根本沒跟他們開口——都給予相同的「現成」標準建言。但就像我說過的，建言如果要有用，必須是針對每一個個人量身訂做才行。有些年輕的律師，天生就是在大事務所當合夥人的材料。他們具備了在官僚體系裡登峰造極所需的氣質和技巧。有些人則是天生的獨行俠。擺脫了監督或階層制度而獨立工作，才能闖出一番事業。還有些人適合在政府單位服務。滿腦子都是英雄氣概、愛國主義。有些人則一定要反對政府、大企業、和其他所有的權威人

物。法律的偉大之處，就在於這種工作幾乎可以滿足每一種需求。如果沒有現成的工作可做，也可以從無到有地創造出來，這自然是我努力想在自己的生命中完成的事情。

至於那些反映建言者本身的人格和優先順序的建言，除非你想變成他們這樣的人，否則還是敬謝不敏為宜。要根據你這個獨特的個人，以你特殊的需求和品味，想出哪一種情況最適合你。沒有哪一個生涯規劃是適合每個人的。有些路當然不對，但儘管如此，並沒有所謂正確的道路。最糟糕的莫過於硬逼自己去做其他人的工作。要做你自己，不要變成另外一個人。

我們不妨做一陣子其他人的工作，作為達到另外一個目的的手段。當然，即使知道自己不適合那種生活，也不妨到一家大型事務所任職，學習他們做事的方法。但千萬要有退場的策略和時間表，免得因為怠惰、以及擺脫不了誘人的高薪和員工的支

援——這比較是屬於大事務所的特色，其他形式的
法律工作並非如此——而無法脫身。

　　從事法律工作的另外一個好處，就是可以嘗試
各種不同的事情，可以一次只做一件事，或是同時
兼顧好幾件事情。我以前教過的某些學生，已經待
過了大事務所、政府、大企業、小事務所和政界
——前後也不過就是十年的時間。此外，有人還在
事務所工作時，就已經寫了小說或劇本。你不想讓
別人說你玩票，但「玩票」和「多才多藝」之間的
界線爲何，可能還是取決於別人怎麼看。

第七封信

不要因為賺大錢
而限制了你的選項

多年以來，我在朋友和昔日的學生身上觀察到一個現象，令我十分憂心。他們畢生都在追求某一份理想的工作，例如法官、教授、或是當上頂尖的檢察官。同時，他們到事務所就職，取得合夥人的地位和一份高薪。

現在終於有人請他們去做這份理想的工作。但他們卻覺得現在不得不予以婉拒，原因是現在「沒有能力負擔」薪水的短少。十年前，他們賺的錢比現在少得多，卻還有能力做他們的理想工作，如果當時有人願意聘請，他們一定二話不說就接下來。要是**當時**接受了這份工作，現在銀行裡的存款就**少了**。如今他們銀行裡存的錢**多了**，但因為已經習慣高水準的生活，反而沒有能力完成畢生的夢想。

如果我們衡量財富的標準——至少有一部分——是看一個人有沒有能力負擔某些心儀的目標，那令人感到諷刺的是，我那些婉拒法官職務或其他理想工作的朋友，在他們沒錢的時候比較富有，有

錢以後反而比較貧窮。

　　讓財富阻礙了你的夢想，實在是愚不可及的事。當然，經濟學家談的是「機會成本」，就這個意義而言，在一年賺50萬的時候接受年薪15萬的法官職務，耗損的「成本」比一年賺17萬5千塊的時候更多。不過即使在當年——你願意去當法官的時候——你也是放棄了像現在每年賺50萬的機會。所以從純粹經濟的觀點來看，在中間這些年已經賺了許多錢**之後**，現在接受法官的職務反而比較好。這基本上是心理或生活方式上的差異。現在你已經習慣了一年50萬的生活方式，要回頭去過年薪15萬（加上來自存款的收入）的生活，就困難得多了。因爲年紀大了，人也成熟了，你的理想工作現在看起來可能和當年不同。這不要緊。但如果這種差異純粹是金錢使然，那就有問題了。你確定自己眞的能看出其中的差別嗎？

　　除非你寧願過著水準越來越高的生活，而不惜

放棄自己理想的工作，否則千萬不要因為你的財富，而使你做不起當年沒錢時還有能力負擔的工作。那就太荒謬了。

這個現象只是問題的一部分，更重大的問題是，為什麼律師——至少是金字塔頂端的大型事務所的律師——賺這麼多錢。我不是抱怨他們的收入高得令人咋舌——除非是和其他的專業人員比較（例如老師、護士、心理學家、社工），他們做了這麼多好事，得到的報酬卻寥寥可數。我們活在市場導向的經濟體制裡，報酬是由供應和需求來決定的。我這裡要談的重點，並不是制度公平與否，而是制度如何影響了我們對生涯的選擇。金錢扭曲了我們處事的優先順序。別誤會，錢當然重要，想過著舒適、甚至是經濟獨立的生活，也沒有什麼不對。只是我認識太多的有錢人，最後都是過著經濟**不獨立**的生活。他們的選擇絕大多數是取決於他們需要賺更多更多的錢。從我們在瑪莎葡萄園的度假

勝地，我發現最有錢的人，假期多半也是最短的，
因為**他們**要是不工作，每天損失的錢比我們其他的
人更多。當金錢帶給我們的是奴役，而不是自由，
一定是哪裡出了問題。

第八封信
別冒險以不足換有餘之物

　　曾經有人問過我，我所代表的那些刑事案件的被告，有沒有什麼共同的特徵。雖然每個案件都不一樣，每一位當事人當然也需要個別不同的代言人，但我察覺到，我處理過的許多案子，似乎都存在著一個特色——特別是那些涉及權貴人士的案件。每一位被告都擁有某些取之不盡、用之不竭的東西，例如金錢、權力、或是取得性或權力的管道。他們在其他方面所擁有的，例如生命、健康、職業生命、名譽、和家人共處的時間等等，也和其他每個人一樣有限。他們為了讓手中那些早已取之不盡的東西變得更加用之不竭，而拿自己有限的東西來冒險，以至於惹禍上身。即使沒有犯下他們最後被定的那些罪狀，也已經非常接近那條足以招致起訴的界線了。像萊歐娜‧漢姆斯雷（Leona Helmsley）這樣的富婆，不但沒有多少時間可以陪伴她垂死的丈夫，自己的生命也有限；然而（根據政府提出的證據）她還是要賭上這一切——再加上

幾年的牢獄時光——只爲了在她擁有數十億身價的時候，省下幾塊錢稅金。我另外還有很多有錢的當事人，也跟她一樣。拳王泰森（Mike Tyson）能在拳擊場上掙錢的歲月有限，但還是不惜拿這些寶貴而無可取代的光陰來冒險，那時明明很多女人巴不得要跟他上床（甚至在他坐牢以後，還有女人想跟他發生關係！），他卻在凌晨三點鐘和一個素昧平生的女子單獨走進一家旅館的房間。

許多公眾人物確實都有這種現象，從柯林頓總統到休・葛蘭，一直到眾議員康迪克（Condit）。

我的意思不是說，你在人生中所做的每一個決定，都要進行一次哈佛商學院式的成本–效益分析。我也看過不少人，因爲太精於估算任何一次冒險對某個終極但不確定的目標可能造成多少影響，到頭來弄得一事無成。

我記得當我領悟到，自己是全美萬中選一，「絕不批准的」人士之一——這是華府圈內人行

話，指某個爭議性太高，不管擔任任何公職，都不會得到參議院批准的人——感覺有多麼自由。雖然我對任何公職都沒有半點興趣，這畢竟肯定了我人生的選擇是對的。我有些朋友很明顯會得到國會的批准，一輩子牢牢盯著參議院，但永遠也不會被提名。這樣的人生既不充實，也不快樂。

「這會變成你一生永難磨滅的紀錄」，每次我考慮做什麼冒險的事情——例如連署請願讓羅森堡夫婦免於死刑——我母親總是這麼警告我。我很慶幸自己沒有聽她的話，而我所冒過的險，多半都讓我深感驕傲。

但是我幾位當事人，以及某些公眾人物，冒的是另外一種茲事體大而毫無理性的險。從他們魯莽的行為可以看得出來，對某些人而言，冒險本身會帶來刺激。對其他人來說，挑戰——或是跨越——這條界線，早就是一種生活方式，既然以前從來沒有被抓到，自然就不知道其中**有**任何風險。然而還

45

有人連想都不想，只顧一味地往界線靠近。如果你即將接近任何一條可能影響人生的重要界線，一定要知道自己在做什麼，而且要計算冒這樣的險划不划得來。也許這些冒險都是值得的，但對我的很多當事人而言，實在是不划算。

在我寫這些話的時候，最近新聞鬧得沸沸揚揚的案件，牽涉到一名失蹤的實習生和一位眾議員，這位眾議員終於承認在實習生失蹤前和她有私情，不過為時已晚。所有的權威人士怎麼都想不通，以前也有政客企圖遮掩自己的醜事，而他怎麼沒有從中學到教訓。「越是想遮掩，越是遮掩不住。」華府一位圈內人這麼表示。當然，這是遮掩不住的──如果你最後被抓到的話。那些被迫承認緋聞的人，**現在**個個都希望當初早點坦白，而不是企圖遮掩。問問前總統柯林頓就知道了。這些事後諸葛都忽略了一點，大多數的醜聞都被遮掩住了，只有遮掩不住的才會讓我們知道。當為非作歹的人必須決

定要不要承認自己好色的醜行時，他確實相信，只要自己不承認，誰也不會知道真相。他過去的經驗就是如此，他的同僚們也一樣。各位不妨想像一下，眾議院裡有多少緋聞是我們不得而知的。做壞事的人總認為自己絕對不會東窗事發。從統計數字來看，這句話恐怕也沒錯。雖然令人遺憾，但事實確是如此。後來東窗事發的人看似愚蠢無比，竟然去冒一個**事後**看起來根本不該冒的險。不過**事前**看來——在事蹟沒有敗露的時候——不冒這個險似乎說不過去。理解並不是寬恕，而是要點醒大家，同時或許可以避免犯下其他人已經犯過的錯。

第九封信
有一種絕對的道德嗎？

你想行善。誰不想呢？可是一旦當上了律師，你對善的定義必須和過去有別。作為一名律師，你是另外一個人的代言人。你代表他們，是他們的發言人。你也許不喜歡這個名稱，但你就是他們的喉舌。你就等於他們，只不過你的教育程度和口才比較好。所以行善的意思，往往是指專門做對你的當事人有利的事，而非有利於整個世界，更不是你自己。

別擔心——不是只有律師會這樣，神父也有類似的問題。只要聆聽了一次告解，他就再也不能按照一般客觀的標準來行善。如果告解者說自己殺了人，甚至感覺到有再次犯案的衝動，任何一個正派的人都會立刻想報警，把這個危險的殺人兇手給抓起來。可是神父不能這麼做，他承擔比較高的保密義務。神父的保密義務比律師要大得多了。律師不能洩漏過去的罪行，但如果當事人跟他說將來還要犯罪，律師是可以報警的。但神父連這麼做都不

行。他可以想辦法勸告解者打消犯意，威脅他說這樣將來會萬劫不復，但是他不能示警。在我的一本小說《代言人的魔鬼》（ *The Advocate's Devil* ）裡，我把自己和一位神父真實的對話寫了進去（節錄如下）：

「如果神父在告解時聽到的情資，足以讓他相信告解者將要殺人呢！他能夠透露消息，避免一樁殺人案的發生嗎？」

「嘿，艾伯，這是我最喜歡的假設題。我總是用這個假設來向新進的神父傳授告解保密的意義。」

「你是怎麼跟他們說的？」

「按照我們的規則，這根本不是一個是或否的問題。神父是絕對不能透露的。」

「那他可以怎麼辦呢？」

「懇求、哄騙、威脅他會墮入萬劫不復的地

獄。只要不說出去就行。」

「神父真的都會遵守這個規則嗎？」

「當然會。你聽我說，艾伯，在現實生活裡，幾乎沒有人會聽到將來犯罪的情資。當然，這種事的確發生過，我們守口如瓶就是了。」

※※※

「如果可以在拯救人命和洩漏告解內容之間做選擇，你會怎麼做，史丹？」

「我知道該怎麼做。」

「怎麼做？」

「遵守告解保密的規定」

「即使犧牲人命也在所不惜？」

「艾伯，我知道一般人很難瞭解這一點。我們的工作是拯救靈魂，而不是拯救生命。我們必須讓別人去拯救生命。如果我們違背了告解保密的義務，就不可能拯救靈魂了，因為這樣再也沒有人會來告解。」

「聽起來跟律師的說法差不多。」

「律師的工作不是拯救靈魂，而是拯救生命。」

「不，很不幸，我們的工作不是拯救生命。我們的工作是替被控犯罪的人辯護。如果破壞了我們的『告解保密』，那誰也不會相信我們。這種說法和你們很類似。」

※※※

「我向當事人做了保密的承諾。你這是叫我打破一個神聖的承諾嗎？」

「救一條人命比遵守承諾更加神聖——對一個律師來說。」

「別忘了，你也是律師。」

「對，沒錯。不過我並非以律師的身份聆聽告解。而是以神父的身份。如果有人是以我律師而非神父的身份，告訴我一件攸關人命的消息，我就會透露出去。」

51

「你碰過這種事嗎？」

「沒有。也沒有人以我神父的身份，跟我說過什麼攸關人命的事。」

「萬一碰到這種事，不知道你實際上會怎麼做？如果你用神父的身份在告解時聽到的消息，真的能夠救一條命呢？像你這樣的大好人，似乎不會撒手不管，眼睜睜看著原本可以救回來的一條無辜人命就這麼死了。」

「我也不知道。但願我的信仰永遠不會受到考驗，」馬克洛斯基神父說。

「我的信仰確實正在接受考驗，而且我覺得自己過不了關。」[1]

---

[1] 最近有一件案子，是神父和律師雙雙透露出一件訊息，證實了牢裡一名犯人的清白，這是多年前有一個人在告解時向他們透露的，後來這個人就過世了。見 *New York Times* July 25, 2001, p. 1。

　　有人可能會說這是一種情境倫理（ situational
ethics ）。我比較喜歡另一種說法：「角色的責
任」（ role responsibility ）。當你在社會上扮演了某
些角色，就等於放棄了某些選項。身爲一名教授，
我不能透露給學生打了幾分，即使這名學生將對我
採取邪惡的攻擊，而我也知道他這麼做是爲了報
復。這是我的角色所帶來的限制。你做的每一份工
作，幾乎都會有保密的問題，而且只要牽涉到保密
的責任，就可能和個人的道德產生衝突。我曾經替
一位中情局的離職探員辯護，他就堅信自己揭發前
任雇主不當行爲的義務，已經超越了他進入中情局
時作爲雇用條件而不得不接受的保密誓約。香菸業
的從業人員也做了類似的決定。大多數的人都會遵
守他們的保密誓約。

　　「因爲替有罪的罪犯辯護而必須犧牲倫理的時
候，你有什麼感覺？」每個星期至少有一個人問我
這個問題。我曾經請教一位神父，有沒有人問過他

類似的問題：「因爲不揭發告解者在告解時向你吐露的罪行，因而必須犧牲倫理的時候，你有什麼感覺？」他的反應非常震驚：「什麼叫做『犧牲倫理』？這**正是**我的倫理──不透露我在告解時聽到的事情。」他義憤塡膺地說**從來沒有**任何人問過他這個問題，或任何類似的話。

　那些喜歡想太多的人，大多不會接受罪犯的辯護律師對原本的問題所做的回答：「什麼叫做『犧牲倫理』？這**正是**我的倫理──替被控犯罪的人辯護，無論我是否相信他們可能是清白或有罪的。」如果你聽不下去，就不要當辯護律師。

好律師應不應該替壞人辯護？

　　幾年前，內人被捲入一宗小訴訟當中。這項爭議被交付調解，兩造的訴訟代理人都非常傑出。既然內人在法律和道德上顯然都站得住腳，對方的律師就急著要和解。（如果打官司，我們是會勝訴的，之所以同意交付調解，完全是因為訴訟曠日廢時，而且所費不貲。）進行調解時，我也在場替內人打氣，她是心理學家，不是律師。在我看來，對方的律師非常和善，而且客氣得不得了，可是作為當事人──一家非常卑劣的企業──的訴訟代理人，他表現得非常積極。內人很少對人有負面評語，但第一次中場休息的時候，卻對對方的律師感到非常光火。「他怎麼能當那些人的訴訟代理人？」她氣呼呼地說。「他不知道自己站錯了邊嗎？他晚上怎麼睡得著覺？」

　　最後那句修辭性問句一說出口，內人就會心一笑，領悟到每次我替那些人們認定有罪、惡劣、或錯誤的當事人辯護的時候，別人就會對我做出和她

現在一模一樣的評語。直到打贏了這件案子,得到滿意的和解以後,她才真正冷靜下來,也瞭解到對方律師只是盡忠職守而已。「我想我是把他和他的當事人劃上等號了,」內人有點難為情地說。「別人也總這樣對你。」

想像有一個法律體系,是把律師和他們所辯護的當事人劃上等號,而且譴責他們為具有高度爭議或為人不齒的被告辯護。其實這根本用不著想像,因為歷史提醒了我們,不到半個世紀之前,主流的律師都嚇得不敢替面臨國會政治迫害、黑名單、刑事審判、甚至處以死刑的那些所謂共產黨員辯護。麥卡錫參議員和數以百萬計的美國人——包括許多律師、法學教授和律師公會的領袖——都支持用這種方式來攻擊「親共」的律師,使得那些痛恨共產主義、但支持人類全體應該享有公民自由和憲法權利的正派律師,如果要替被指控的共產黨員辯護,就得拿他們的事業來冒險。

　　在我成長的那個年代，朱利阿斯和愛瑟兒羅森伯格夫婦（Julius and Ethel Rosenberg）被指控替蘇聯當間諜，把製造原子彈的秘密交給我們的頭號敵國。替他們擔任辯護律師的，是一名共產主義的意識形態論者，對刑事案件幾乎沒有什麼經驗。他的辯護荒腔走板，直到不久之前，我們才從蘇聯的情報消息人士那裡證實，這次的判決結果是嚴重的審判不公（miscarriage of justice）。現在看起來，政府顯然是因為沒辦法讓朱利阿斯·羅森伯格（他只是一個小間諜）把他同夥招出來（他們才是大間諜），才設計構陷了愛瑟兒·羅森伯格。我們不敢說一位能幹而熱心的主流律師，就一定能讓羅森伯格夫婦免於坐上電椅的命運，不過我們應該感到不安的是，在羅森伯格一案和1940及1950年代其他的案件中，麥卡錫主義者對律師的攻擊，很可能是造成重大不義——還有某些非常惡劣的法律——的罪魁禍首。

　　直到今天，在世界上的許多地方，一個讓民衆深惡痛絕的被告，還是很難請到一位主流的律師來替他辯護，因爲許多國家——連西方式的民主政治也不例外——完全沒有非政治或公民自由代表（apolitical or civil libertarian representation）的傳統。舉例來說，以色列的法律體系雖然健全，但右派的律師往往會代表右派的政治犯，左派律師則傾向於代表左派或巴勒斯坦的政治犯（因爲法律扶助體系的發展，近年來情況多少有些改善。）像這樣用意識形態的角度來選擇訴訟代理人，會創造出一種循環論證式的眞實（circular reality），在這種眞實裡面，律師被認爲應該認同他們的當事人的政治觀點。結果使得法律界依循意識形態的路線而分裂，欠缺對全體人民的公民自由中立的奉獻。法國、義大利、和其他幾個歐洲國家也有這種現象。

　　幸好我國有一個良好的傳統，法律界是積極地爲全體人民的公民自由而奉獻，無視於意識形態、

政治、或起訴罪名的性質是什麼。約翰‧亞當斯
（John Adams）、林肯和丹諾，都是這種精神的象
徵。亞當斯為參與波士頓大屠殺的英軍擔任辯護律
師；林肯和丹諾代表過形形色色的當事人，從大企
業、一般的罪犯和受壓迫的人民等等。如果我們屈
服於那些自信有能力發掘真相、而對經常不夠完美
的司法過程感到不耐的人，不得不放棄這種高貴的
傳統，那無異是一場慘痛的悲劇。偉大的法官勒爾
尼德‧韓德（Learned Hand）就表示過，「自由的
精神，就是不敢百分之百確定自己是對的。」

我們很少看到有哪一個案子，是絕對的真理明
顯地只站在某一方。大多數的案件都包含深淺不同
的灰色地帶，只是程度問題而已。從我執業以來所
參與過的案件，大多都是如此。即使是案情明顯的
案件——被告有犯案或是沒犯案——常常還是有商
榷的餘地，辯護律師的角色就是在法律和倫理的範
圍之內，熱心地呈現出當事人的觀點。熱心的訴訟

59

代理人，就是要讓其他所有——意識形態、事業、和個人——的利益，都服膺在當事人的正當利益之下。你就是手術房裡的外科醫師，不管病人是好人還是壞人、是聖人或是罪犯，你唯一的目標就是救人。只有在絕無僅有的案例中，律師才能肯定他的當事人是有罪的，而且沒有任何從輕量刑的情狀。一旦碰到這種情況，律師大多會試圖說服被告接受認罪協商（plea bargain）——這不是為了社會或司法體系最大的利益，而是為了當事人最大的利益著想。

提出這個大概的重點之後，筆者指出不同法律辯護之間的幾項區分。最應該無視於意識形態而積極加以辯護的，是言論自由案件和刑事案件。那些為**每個人**——包括左派和右派的極端份子、色情物品的供應者、以及犯下無心之過的報紙——言論自由的權利而辯護的律師，不應該被認為是贊成政府意圖檢查的那些物品的**內容**。那些反對斯科基市對

納粹主義者進行檢查的人，也不是親納粹人士；即使是最可鄙而不實的想法，我們也反對進行檢查。同樣的，那些律師選擇替面臨死刑或長期的有期徒刑的人辯護，顯然也不是贊成謀殺、性侵害、搶劫、或公司犯罪。我個人對罪犯深惡痛絕，除非正在替哪個壞人打官司，否則我一向支持好人。我們相信美國的司法程序，它要求我們必須做出熱心的辯護、審慎地遵守憲法所提供的保護和法治。我們也知道因為重大罪行而受審的人，其實大多都是有罪的。謝天謝地！如果刑事案件的被告大多是無辜的，誰會想生活在這樣的國家？伊朗和利比亞或許是這個樣子，但美國絕非如此。而且為了維護這個傳統，**每一名**被告——無論是否有罪、不討人喜歡、或是一貧如洗——都必須遵照倫理的規則，得到積極的辯護。真正令人不齒的，不是有錢人**得到了**熱心的辯護；而是窮人和中產階級**得不到**這樣的辯護。那些沒有能力向檢方提出挑戰、也無從揭發

檢方手上對他們不利的證據其實很薄弱的人，應該
分配到更多的資源才是。確實有無辜的人坐了冤
獄、並且被判了死刑，而爲什麼這些多半都是貧
窮、又得不到有效法律辯護的人，其實是有跡可循
的。正因爲如此，我才把自己一半的時間都拿來打
無償服務的案子。其他不少律師也打了不少免費的
官司，但這還不足以確保不會有任何一名被告，因
爲請不到律師替他熱心地辯護，而面臨死刑或長期
的有期徒刑。被告得不到適當的辯護，本來就是一
個很嚴重的問題，如果律師不敢接社會觀感不佳的
刑事案件，那這個問題就會惡化到足以釀成危機的
地步。假設有一位年輕的律師正在考慮替謀殺或性
侵害案的被告辯護，嚇阻他的不二法門，就是指控
這位律師贊成謀殺或性虐待（我加入辛普森的辯護
律師團時，就遭到這樣的指控）。

　　當然，在法律和倫理上，律師可以選擇拒絕替
一名社會觀感不佳、民衆深惡痛絕、而他也認爲有

罪的被告辯護。真正的問題在於，我們是否希望正派的律師是基於當時「政治正確」的標準，才做出這種選擇，而這種標準是會隨著時代而改變的。現在因為共產主義已經不具有威脅性，替共產黨員擔任辯護律師，也會得到社會的支持，但如果換成了被指控為恐怖主義的伊斯蘭基本教義人士，現在替這種人辯護，就會引起社會上的反彈。我相信任何一名律師都不該單憑當事人或訴訟案件被認為「政治不正確」，就拒絕一件憲法或刑事案件，因為——最重要的是——這會導致公民自由的死亡，使法律界依循意識形態的路線而分裂，以至於最需要訴訟代理人的被告，就只能降格以求，找那些常常以為只要有政治和激情，就可以取代準備工作和專業精神的法律意識形態之輩，來替他們辯護。

幾年前，我和律師公會的波士頓分會發聲齟齬，這是一個左派團體，認為擔任性侵害案被告的辯護律師，是政治不正確的。直到一名非裔美籍男

性被控連續性侵害白人婦女，而被告聲稱自己是被
種族主義者錯認的受害者，這個團體才改變他們的
立場。

　　言論自由案件和刑事案件，不同於那些涉及持
續以不道德之行為獲取商業利益的案子。如果是對
一個聯合製造和販賣古柯鹼的企業組織持續提供法
律協助，這名律師事實上等於是擔任一宗犯罪陰謀
的「代表」。在法律上，一個犯罪組織沒有權利請
律師提供建議，教他們如何避免被逮捕及增加非法
利益。很多律師都認為香菸業和「黑道」沒兩樣
（雖然從最近幾次的和解看來，就連香菸業的律師
有時候也能協助當事人做他們該做的事，即使僅僅
基於利己的因素）。大企業面對的如果不是刑事案
件的起訴，就不能像被起訴的罪犯那樣，擁有憲法
增修條文第六條的權利，也不能和受到政府檢查的
人一樣，享有增修條文第一條的權利。但在否定任
何人的重要權利之前，必須讓他們享有得到一位熱

心的訴訟代理人為其辯護的權利，這樣的法律制度還是比較好的。律師為本身非常不認同的人辯護，是我們美國的傳統，一旦背離了這項傳統——像麥卡錫時代就曾經如此——只會弱化我們對法治的奉獻。今天得到社會普遍支持的事情，明天可能被眾人唾棄。如果只有被政治正確的標準所認可的被告才能得到辯護，這種態度是我們必須戒慎恐懼的。

　　不久前在麻薩諸塞州發生的一宗案件，就對律師拒絕當事人裁量自由做出了限制。一個想從富有的醫生老婆那裡得到經濟支援的男性護士助理，請一位專門替女性打離婚官司的女性主義律師擔任他的訴訟代理人，結果遭到對方的拒絕。這位律師表明她不替男性當事人打離婚官司。麻薩諸塞州反歧視委員會後來做出對這位律師不利的裁決，表示「一位公開接受大眾雇用的律師，不得僅僅以性別或其他受保障的階級為理由，而拒絕一位可能的當事人。」相較於律師基於政治或意識形態的理由而

拒絕一個案子,這種情況顯然有所不同,不過也確
實顯示律師並非能夠百分之百自由地憑**任何一個理
由**就不接案子。在選擇當事人的時候,律師可以是
女性主義者,但不能有性別歧視。兩者之間的區別
也許微妙,但卻是實際存在的。麻薩諸塞州的律師
和其他各州一樣,受到民權和禁止公共設施法所管
轄,其中有幾條法令明文規定,禁止任何出於宗
教、信條和政治背景的歧視。醫生和牙醫不能自由
拒絕罹患愛滋病、或是政治立場令他們不以為然的
病人。我們也應該要問,憑什麼律師就應該享有比
其他行業更大的自由,對當事人做出差別待遇。

最後,我希望律師不需要法律來告訴他們,他
們應該代表的是那些最需要熱心辯護的人,而不必
考慮到性別、種族、意識形態、經濟情況、或社會
觀瞻。這樣的觀點才能促進一個更完善的法律制
度,和一個更自由的美國。

律師絕對不能做的一件事,就是接了案子以

後，完全不用心打官司。熱心雖然沒有明確的衡量
標準，但總有個一般性的準則。我稍後會解釋，當
人家的律師和當人家的朋友是不一樣的。爲了一個
朋友或親戚，你或許願意犧牲自己的生命、自由或
財富。但即便對當事人很有好感，卻不必——也不
應該——爲他犧牲到這個地步。法律、倫理、和常
識，都對熱心的辯護做出了限制。我們知道什麼叫
做不熱心的辯護：看看德州某些死刑案件的辯護律
師就知道了！有好幾個竟然在審判時呼呼大睡。還
有人壓根沒有進行任何調查。許多法官寧願辯方律
師吊兒郎當，也不希望他們太過熱心。所以總是指
定漫不經心的律師來替被告辯護——如果法官對自
己工作的定義，是盡量把被告判處死刑，那這些律
師可以讓他們做起來得心應手。太過熱心的律師會
讓某些法官頭痛不已。這一點我很清楚，我自己就
是這種律師。只要是能夠爲當事人爭取最大的利益
（包括短期和長期利益），我們對每個爭點都提出

異議、對每項權利都加以主張、而且對檢方的每一
項主張都加以爭執,法官審理案件時就辛苦多了。
至於要如何界定什麼叫做適當的熱心辯護?關鍵在
於:必須是基於當事人的正當利益。其目的不是讓
自己覺得過癮或道德高尚,而是要用一切合乎倫理
和法律的手段,幫助當事人打贏官司。

第十一封信

切莫被法律麥卡錫主義所污染

辛普森案落幕之後，我和辯護律師團的其他成員，受到談話性節目主持人、社論作者、甚至是某些律師惡意的攻擊。對於許多這一類的抨擊，我都一一做出回應。我把其中兩篇在這裡刊登出來，是因為這兩篇文章強化了前一封信所談的論點，再說如果要成為一名刑事辯護律師，這些攻擊是免不了的，這兩篇文章多少可以指點大家如何應付這些攻訐。第一篇是筆者對羅莉‧雷文生（Laurie Levenson）的文章所做的回應，她是羅耀拉法學院的副院長，曾任檢察官，當時在電視台的聘請下，擔任辛普森案的電視評論員。第二篇是回應彼得‧蓋博（Peter Gabel）教授，他寫了一篇文章，大肆批判替有罪的被告擔任訴訟代理人的辯護律師。

有些律師年紀太輕，不記得麥卡錫主義的教訓，還想重蹈覆轍。

羅莉‧雷文生副院長顯然沒有從羅森伯格夫婦

的悲劇，或是釀成這樁悲劇的麥卡錫主義得到任何教訓。她在那篇批判辯護律師的冗長文章裡所提出的論證，基本上和麥卡錫參議員一模一樣。我個人在辛普森即將被判死刑之際加入他的律師團，雷文生副院長對我替辛普森辯護一事大加斥責，力陳我幫忙替辛普森——還有其他讓她看不順眼的人——辯護，不是在「改善這個世界」或捍衛「正當的目標」。她似乎不太清楚什麼叫做當事人進行主義，或是熱心的辯護律師該扮演什麼角色。她說辯護律師為當事人擔任訴訟代理人的權利，只是一種「掩飾」和一場「遊戲」。在這個社會，那些被禁止移居國外的蘇聯科學家根本沒有權利得到有效的辯護，如果她和我一樣，曾經幫這些人打過十年無償服務的官司，就會體會到律師為當事人擔任訴訟代理人的權利有多麼重要了。我不記得雷文生曾經志願為她認為正義的目標奉獻多少時間，反而只是利用辛普森案來自吹自擂。

雷文生的觀點一旦被接受，我們就很難確保那些被大眾認為有罪，社會觀感也不佳的被告，都可以找到訴訟代理人。我可以抗拒雷文生對我的動機和人格所做的惡意攻訐，是因為我已經得到了終身職。想想看，一位剛從法學院畢業的年輕律師，只因為替一個她不贊成的人打官司，竟然必須承受這位法學院副院長排山倒海的攻擊。

雷文生自以為是的標準，如果得到了社會的公認，奧克拉荷馬州的炸彈客提摩西·麥克維（Timothy McVeigh）、麥可·馬哈謝夫（Mikhail Markhasev，被控殺害恩尼斯·寇斯比〔Ennis Cosby〕的人）、被起訴的納粹戰犯約翰·丹姆詹祖克（John Demjanjuk）、或是羅森伯格夫婦就再也找不到任何正派的律師願意替他們辯護。光說一句應該讓「其他人」替他們辯護，根本無濟於事。如果有人要求他替一個面對死刑的被告辯護，任何律師都不應該拒絕。問題不在答應接這些案子的律師身

上，而是那些和羅莉‧雷文生一樣不肯打這種官司的律師。

最近有一位猶太教士請我為一件案子提供法律意見，被告是一名猶太人，目前正在等待死刑處決，我應該先請求雷文生的許可嗎？難道在接下這個案子之前，我還得先確定雷文生相不相信這是一個會「改善世界」的「正當目標」？

如果雷文生熟悉傳統猶太典籍，或許就會知道，猶太最高議會一旦毫無異議地把一個人判處死刑，就不能下令將他處決，因為毫無異議的判決，表示被告在法庭裡欠缺一位熱心的辯護者。儘管雷文生不懂，但摩西五書和猶太教法典都知道什麼叫做辯護。

許多年以來，我一直在針對這些議題思考、教課、和寫作。我有三本書，開宗明義地探討，一個辯護律師為很可能有罪的被告擔任訴訟代理人，會

牽涉到哪些倫理問題。[1]對於我的案子或當事人的是非曲直，雷文生當然有權和我有不同的看法，但她對我個人的人格所進行的人身攻擊，實在不值一顧。從亞伯拉罕爲了索多瑪人和上帝爭論開始，律師和哲學家就一直在這些複雜的議題上爭論不休。雷文生把這些複雜的層面簡化爲「操弄遊戲規則」這種愚蠢的議題，企圖藉此迎合大眾，對於所有希望個人權利可以對有效執法做出制衡的人而言，這根本侮辱了他們的智慧。

親愛的編輯：

最危險的意識形態論者，幾乎都是那些相信不需經過任何過程，就可以得到眞相的人。本來還以爲彼得‧蓋博教授或許已經從共產主義和納粹主義

1　*The Best Defense, Reasonble Doubts,* 和 *The Advocate's Devil*。

學到了教訓，沒想到他提出的程序竟然和上述兩者差不多。那些把女巫燒死和進行宗教審判的人，也深信他們是在服務「更廣大人群的福祉，以及創造出更人性而正義的社會。」蓋博或許是出於一片好意，但到頭來必然會讓我們墮入萬劫不復之境。

蓋博說，「案件的當事人被指控做出了暴力或殘酷的行為，假若律師不相信當事人事實上是清白的，那無論是無罪推定或是聘請訴訟代理人的權利，都不足以證明律師應該努力為當事人爭取無罪判決。」事實上，他還進一步表示，「如果你是強烈地懷疑或甚至相信當事人確實犯下了這個罪行，那這種道德情境也差不多。」這種觀點等於完全抹殺了辯護律師的角色，把每一位「辯護」律師都變成檢察官或法官，要他們「懷疑」當事人，並且僅僅根據懷疑，就認定當事人是有罪的。

為了說明這種愚蠢的切入點是多麼缺乏智慧，我公開要求蓋博教授回答下面幾個問題：

1. 假設一個仍舊存在著證據排除法則（Exclusionary rule）——無論是根據憲法增修條文第四條或第五條——的法律制度。假設你奉命替一位因為殺死虐待她的丈夫而即將被判死刑的女子辯護。假設警察沒有持搜索票就闖進被告的家裡，結果發現證據顯示這是一樁計畫好的謀殺案。蓋博會拒絕讓這名女子委任的律師引用增修條文第四或第五條來排除該項證據嗎？如果律師懷疑他或她的當事人可能有罪，蓋博也會駁回律師反對傳聞證據（hearsay evidence）的權利嗎？

2. 假設是同樣一件案子。被任命的律師有沒有義務事先告知，當事人所說的任何一件事，他都不會保密，而且當事人要是說了什麼可能使他入罪的事情，律師就再也不會積極地替他辯護？這豈不是只會弄得當事人怎麼也不肯把任何足以使他入罪的事情告訴律師？

3. 不同於公民自由的觀點，採用蓋博那種作法

的律師，必須把自己當成一個蓋博式的律師，而不
是一位辯護律師嗎？如果是這樣，被告既然懷疑這
位律師可能認定他是有罪的，你能想像出他還有什
麼理由要找一位蓋博式的律師來替他辯護嗎？

4. 蓋博承不承認，在當前的憲法和倫理規則之
下，辯護律師如果懷疑或相信當事人可能有罪、而
且不願意引用在倫理上允許的一切法律和憲法辯護
——例如證據排除法則——就會違反憲法增修條文
第六條和法律專業的倫理要求？（如果他不承認，
就應該讀讀德路卡訴羅德案）

5. 如果蓋博承認這一點，那指控一位遵守他對
當前法律之義務的律師，說「他的手還滴著被害者
的鮮血，而刺殺他們的人得到了保護」[2]難道不是
充斥著明顯的麥卡錫主義，同時更沒有理解到辯護
律師是現行法律下的憲法義務？

2　*Tikkun* 雜誌的編輯 Michael Lerner 用這些話來形容我。

　　在一個奉行公民自由的制度下，追求眞理是一個很複雜的現象。蓋博這種愚蠢的解決辦法，會把我們倒退到用刑具和占星來發掘眞相的黑暗時代。[3]

3　蓋博在他的回應中，基本上也承認按照現行的法律——將來他要改變——律師有義務爲當事人熱心地辯護，及提出所有可能的辯護。（見*Tikkun*, Sept. 19, 1997。）

第十二封信

如何平衡理想主義、
現實主義和犬儒主義

小何姆斯（Oliver Wendell Holmes, Jr.）是法律史上的一大犬儒主義者。有一位篤信理想主義的法官助理，曾經挑戰這位大法官所主筆的一份意見書，指控他造成了一個不正義的判決結果，這位老人回答說，「我們這一行搞的是法律、不是正義。」許多年輕人從事法律的工作，是希望一輩子過著大義凜然的生活。

聖經的〈申命記〉告訴我們，「你要追求至公至義。」古代的一位註解者被問到為什麼要連續說「至公至義」時，他回答說，正義有兩個層面：只把有罪的人定罪的**目的**，以及為了盡量避免冤枉無辜者，有時不得不把有罪的人無罪釋放的**手段**。過不了多久，年輕的律師們就會明白，沒有人是真心想追求正義。大家一心只想打贏官司。用來遮掩勝利慾的表象，就叫作正義。有時我們會遇到一個誠實的訴訟當事人，對自己真正的目標直言不諱，就像那個故事講的：律師寄電子郵件通知他的當事人

說，「正義已然伸張。」當事人立刻回了一封郵件：「立刻上訴。」

在不得不製造出不正義結果的司法制度下，有些律師受不了自己所扮演的角色。他們所追尋的是一個容許他們追求純粹正義的角色：去當檢察官或法官或學術人士。如果不必為個別的當事人辯護，當然可以追求純粹的正義。或許是吧。不過根據我的經驗，多半都不是這麼回事。這些人還是想當贏家。他們對於何謂贏家可能有不同的定義，不過目標並無二致。我從來沒見過一個不想贏的檢察官。他們當然會說服自己說，打贏了官司就是伸張了正義，因為他們絕對不會存心起訴無辜的人，不過打贏官司同時也是升遷的關鍵，還是衡量一個人成功與否的標準。

這話可能讓某些人很驚訝，不過大多數的法官也想當贏家。他們想贏得同僚的喝采，而且也想加官進爵。除了美國的首席大法官以外，每個法官心

裡都偷偷巴望著能夠在司法界更上一層樓。即使有些人明知道自己永遠也當不上大法官，仍然希望自己的判決能夠成為法學院研讀的教材、在媒體上得到好評、而且受到同僚的讚美。既然個人利益有時候比抽象正義的考量還重要，這也算是一種贏家。

這種情況在美國特別嚴重，原因是我國的檢察官和法官的政治性都很強。他們都是經由選舉出線，或是政治人物所任命的（並且必須得到其他政治人物的確認）。在西方世界，只有我國的司法制度是如此高度的政治化。結果就是我們沒有真正正義的司法制度。然而還有另外一個政治性的政府部門，是完全以政治考量來衡量績效。在我國的法律體制中，只有一個體制會試圖追求純粹的個人正義，那就是陪審團。正義未必每次都能得到伸張。但由於陪審團不可能有什麼事業上的企圖心——單一的任務完成以後，這個實體就消失了，成員各自回到自己的日常生活中——就可以心無旁騖地做該

做的事。然而如果遇到了知名度高的案件，現在連這個過程多少也已經腐化了，陪審員想到將來可能出書、接受電視訪問、甚至得到訴訟當事人的報答。

歡迎來到真實的世界。你打算要怎麼面對呢？每位律師都必須作一個法律現實主義者（不然還能怎麼辦？當一個法律偽裝者或「詐騙大王」？）人家花錢請律師，就是因為他或她能夠洞悉法律制度實際的運作方式，以及政治、野心和其他個人因素在案件實際的裁決過程中扮演什麼重要的角色。以前的法官一律頭戴假髮，所以每個法官看起來都差不多（法官全部是白種男性，也很有關係）。如今我國的法官還是穿著和制服差不多的法袍——除了首席大法官藍奎斯特（Rehnquist）為了凸顯自己與眾不同，在法袍的袖子上加上吉伯特和蘇利文音樂劇裡的大法官角色身上的條紋。不過法袍的千篇一律，終究掩飾不了法官彼此之間的重大差異，而

且不同的法官對同一件案子，會做出南轅北轍的判決。直到不久之前，法官行爲規範（Code of Judicial Conduct）對不同意見書還一直不以爲然，認爲是減損了法院的威嚴。

　　在這個贏者全拿的世界裡，理想主義還是有容身之處，但必須透過現實主義的眼光來加以過濾，否則就會流於天眞。連具有建設性的犬儒主義，在這個世界也有生存的空間，不過也同樣必須以理想主義和現實主義來加以制衡。不切實際的犬儒主義者就和不切實際的理想主義者一樣天眞，只是沒有後者那麼高貴罷了。

第十三封信
你的最後一場考試

　　你可能以為考上律師執照，就等於完成了人生的最後一場考試，不過法律這一行，是一連串永無止境的考試，給你打分數的是法官、陪審團、資深合夥人、當事人等等。評分的制度通常是「及格－不及格」，不過和那些採用「及格－不及格」制度的大學和法學院不一樣的地方，就是現實生活裡的考試，「不及格」是司空見慣的。不管你有多麼優秀──或自以為多麼優秀，多少都會規律地輸掉官司、當事人和顏面。和學校不一樣的是，法律往往是一場零和遊戲，不是照著曲線圖來打分數。除此之外，你的工作品質和及格與否，並沒有必然的關聯。即使你的表現比對手好得多，但由於對方占有比較好或比較容易辯論的一方，或是因為法官或陪審團比較偏愛對手的當事人，你還是不免落得敗訴的下場。有這種遭遇的不只是律師而已。醫生雖然不用面對法官或陪審團（除非他們被控業務過失），但有些手術無論做得怎麼好，最後病人還是

死了，有些手術做得糟透了，也不過就是留下一道
難看的疤痕。許多關鍵因素都不在醫生的控制範圍
之內，就像勝訴或敗訴的關鍵，往往也是律師控制
不了的。當然，一位好的醫生或律師，會把這些不
得而知、卻無時無刻不存在的風險列入計算，但即
使是遵照一個正確的決定，進行了一場技術純熟的
手術或訴訟，也可能為病人或當事人帶來一場災
難。

　　接受其他人評判的專業人員，必須發展出一套
內在的標準，來對他們的工作成果進行自我評價。
我在個人的專業生涯中，也一直朝這方面努力。我
對自己非常嚴厲，即使是打贏了官司──其實在勝
訴的時候更是如此，因為那時除了我以外，誰也不
會批判我（除非我是替一個社會觀感極差的當事人
打贏了官司，但即使在這個時候，也是屬於另外一
種性質的批判）。這種習慣從我讀法學院的時候就
開始了，那時我在第三年的財產法考試上拿了一個

A，但我知道自己沒資格拿這個成績，甚至還跟教授說，我覺得他對我過分慷慨了。這一點他也同意，還說因為我是第三年財產法班上成績最好的學生，而他是新來的助理教授，雖然我們倆都知道我應該得 B 或 B+，但是他擔心給我打這樣的分數——我至今還記得他說的話——「丟臉的是我，而不是你。」我一直都認為我那門課「真正的」成績是B，而不是 A，還為這個灌水的成績找到了一個合理的藉口，就是彌補我在契約法得到的 C，我覺得自己不應該只得到這麼低的評分才是。

法律這一行就像是至死方休的一連串考試，而打分數的人常常不對，我還記得幾年後發生的一件事，證實了我的觀點：我曾經和一位退休的聯邦法官一起辦一宗很複雜的刑事案件，他那時剛辭去公職不久，在一家大型法律事務所擔任合夥人。儘管他用盡了最大的努力，仍舊出師不利，而且輸得奇慘無比。他再也沒有出庭打官司，反而寧願處理和

解協議，我問他為什麼不再當訴訟律師，他回答說，「我年紀太大，沒辦法再考試了，我可以做一份人人都是贏家的差事。」

　　法律這一行是有這種雙贏的事情，但不是訴訟案件。如果你還沒準備好要一輩子讓那些能力多半不如你的人給你考試和打分數，那就去選一個雙贏的法律領域。去給人家寫遺囑吧，死人是不會給你打分數的。

自我懷疑

　　15歲之前，從來沒有人說過我很聰明。我在小學和中學都是個壞學生——無論是在學業或是品行上。在我眼裡，運動、泡妞和搞笑，比算數或猶太教法典（我念的是猶太中學）更加要緊。我父母親都沒有上過大學，我也認為以後會跟父親一樣去賣衣服。看不出歷史課或拼字對我當一名銷售員有什麼幫助，不過投籃得分、開懷大笑、或是和女孩子調情，卻能帶給我立即的滿足感。我的成績大概都在 C 上下打轉（但書法和禮儀不在此列，我的書法高人一等，禮儀一科的成績總在 D 或 F 之間徘徊）。唯一可以激勵我的，是我在「努力」方面的成績通常只有 F 上下，這隱然表示，至少有些老師相信我要是更加用功，可能會得到好一點的成績。但就算他們真的這麼想的，也從來沒有跟我說過，只有我八年級的肯恩老師是個例外，這位老師30年前也教過我父親。他曾經對我說，父親在學校的功課不太好，但還是挺有出息的。雖然肯恩老師

後來告訴我，他希望我把這個觀察當作一種鼓勵，但我當時的理解並非如此，因爲我父親一直沒有變成一個好學生。

不過第一個跟我說我很聰明的伊茲‧葛林堡（Yitz Greenberg），說話可直了。他是伊頓夏令營的戲劇輔導員，在國中和高中時代，我都會到那裡去打工當服務生。那個時候——至少我心裡是這麼認爲的——我讀書已經比較認眞了，不過我在中學裡還是惡名昭彰，連老師都不拿我當回事。事實上，我在全州物理學評量得到一百分的時候，還被老師指控作弊。後來我因爲一次全州競試而贏得一份州立獎學金，更證實他的指控是眞的。直到確定我前面坐的是全校最笨的學生，而隔壁坐的同學考試成績向來也不好，才洗刷了我的不白之冤。

伊茲根本不必看我的考試成績。我們對宗敎、哲學、文學、戲劇——當然還有女孩子——談了很多。有一天他還脫口而出：「你知道，你眞的很聰

明。」我知道他說的是真心話，因為他不是那種會諂媚的人，再說他幹嘛要奉承我呢？他這番話改變了我的一生，還讓我有信心能夠擺出聰明人的姿態，儘管心裡還有著揮之不去的疑慮。

我一換了學校之後——從猶太中學升到布魯克林學院——成績就扶搖直上。我的惡名並沒有跟著我到大型的公立大學去，所以一切可以從頭開始。多年來我心裡一直偷偷地渴望能當上律師，現在這個野心似乎可以實現了，我也非常喜歡跟著思想開通的教授學習。我不記得這輩子得過很多次 B。而是直接從 C 級一躍而成為 A 級的學生。

我後來才知道，不管得了多少個 A，或是從老師那裡得到多少讚美，每個人心裡都有揮之不去的懷疑。在內心深處，我們比任何人都清楚自己的弱點在哪裡，也以為其他人都知道這些弱點。自我懷疑是一個強而有力的激勵因素，只不過千萬不要變得不切實際，那會讓你裹足不前。

第十五封信
完美是卓越的敵人

我在1964年來到哈佛法學院的時候，有幾位極為傑出的教授，卻很少寫什麼東西。他們才氣縱橫的聲威遠播，沒辦法再更上一層樓，只能節節退步。他們擔心——正確地說，是我懷疑——一旦他們廣泛地出版新作，批評的聲浪就會接踵而至。因此他們出版的作品僅限於偶然一見的「完美珍寶」，琢磨多年之後才得以問世。其他的作品就以「初稿」或「進行中作品」的名義流傳，免得成為書評或其他批評的對象。他們非常恐懼自己「完美的」名聲，可能會被不甚完美的作品所玷污。

在法學院服務了幾年之後，我才發現，對完美的需求，使他們沒辦法把卓越（如果是不完美）的作品付梓出版。我同時也瞭解到，根本沒有所謂完美的作品。每一本書、每一幅畫、每一首交響樂或演說，都有改善的空間。對完美的追尋是一種幻象，而且根本沒有終點。

於是我開始出版許多不完美的著作。結果令我

個人非常滿意，儘管我的著作必然會受到批評，其
中許多批判說得也頭頭是道。

現在我差不多每天都會執筆寫作，而且幾乎是
每年出版一本書。我覺得必須盡可能把我的理念廣
泛地傳達出去。花了這麼多年來吸收各種資訊，我
覺得有必要公諸於世。我對出版品的檢驗，自然不
是以完美爲標準。我反而會問我自己，把我的經
驗、錯誤、見解、和意見跟大家分享，對理念的市
場會不會有正面的貢獻。我把出版個人的理念，視
爲一種教育和學習的過程。我從別人對拙作的批評
中得到學習。也藉著出版我的想法而教育他人，而
不是先付諸永無止境的琢磨和淬煉，以及內部同僚
的評論。所以，不要保留到完美的時候才出版，就
公諸於世吧。不要變成那種非得把每一份草稿都請
一百位朋友和同僚看過之後才肯放手的人。這樣交
出來的作品可能比較「完好」，也比較不會受到批
評，不過也比較欠缺獨特性——他們的想法比較

多，到頭來你的想法反而比較少。千萬要對自己的
作品有信心才是。

第十六封信

光榮的行業？

　　你認為自己走進了一個光榮的行業！你聽過司法節有關法治的演說。你看過貼在法院側邊的口號，宣稱「法律之前人人平等」。你聽過法官在上帝面前舉起手來，誓言他們伸張正義不會「因人而異」。現在，歡迎來到真實的世界。身為一名律師，除非假裝看不見，否則你會發現周圍充斥著腐敗。你會聽到警察滿口謊言，讓他們相信有罪的人被定罪，但這些警察為了保全這些人犯罪的證據，不惜違反他們的憲法權利。你會看到法官明知道這些警察在說謊，卻假裝深信不疑，免得把明顯有罪的被告給放走。警方假裝說實話，事實審法官假裝相信警方，最後你會聽到上訴法院法官的意見書，假裝相信事實審法官（trial judges）。這種「善意的」腐敗，遍布在我國的法律體系中──任何有一點經驗的人都心知肚明。然而我們在司法節根本不會聽到這些事。我們從來沒看過那句每一間法院都應該貼上的標語：「只要目的正當，可以不擇手

段。」也沒聽過法官宣讀他們真正奉行的誓詞：
「伸張正義，不會因人而異」——除非這些人幹了
毒販、黑手黨，或是請了我們不喜歡的律師。

我在將近20年以前，就設計出我所謂刑事司法
遊戲的13條規則。參與刑事司法制度的人大多了然
於心。雖然這些規則絕對不會出現在司法意見書
裡，但似乎卻是司法過程真正的主宰。和所有的規
則一樣，這13條規則必須用簡化的用語來陳述，但
卻說出了司法制度在實際運作上很重要的一個部
分。以下就是司法遊戲的幾條關鍵性的規則：

第一條規則：事實上，刑事被告大多都是有罪的。
第二條規則：所有的刑事辯護律師、檢察官和法官
　　　　　　都瞭解第一條規則，而且深信不疑。
第三條規則：違反憲法比遵守憲法更容易把有罪的
　　　　　　被告定罪，要是不違憲，某些案子有
　　　　　　罪的被告，根本不可能被繩之以法。

第四條規則：為了把有罪的被告定罪，許多警察不
　　　　　　惜撒謊，說自己沒有違反憲法。

第五條規則：所有的檢察官、法官和辯護律師對第
　　　　　　四條規則都很清楚。

第六條規則：許多檢察官為了把有罪的被告繩之以
　　　　　　法，甚至暗暗鼓勵警方撒謊，說他們
　　　　　　沒有違反憲法。

第七條規則：全體法官對第六條規則都了然於心。

第八條規則：大多數的事實審法官明知道警察說
　　　　　　謊，還是假裝深信不疑。

第九條規則：全體上訴法官對第八條規則都很清
　　　　　　楚，然而有不少是佯裝相信那些假裝
　　　　　　相信撒謊警察的事實審法官。

第十條規則：對於被告的憲法權利有沒有受到侵
　　　　　　犯，即使被告說的是實話，大多數的
　　　　　　法官都不相信他們。

第十一條規則：大多數的法官和檢察官如果相信被

告沒有犯下被起訴的罪行（或是有
密切關聯的罪行），是不會存心把
被告定罪的。

第十二條規則：第十一條規則並不適用於組織犯罪
的成員、毒販、職業罪犯或是潛在
的告密者。

第十三條規則：沒有人真心想伸張正義。

　　過去20年來，由於法院對於司法制度真實的運
作方式視而不見，這種善意的腐化只會變得更加嚴
重。

　　你也會看到惡意的腐敗。你會遇到向當事人超
收費用的合夥人。還有合夥人會跑去和法官喝兩
杯，然後就跟當事人說這些法官完全在他們的掌握
之中。你會遇到根本分不出什麼叫實話，什麼叫謊
言的當事人，除了他們對後者的經驗豐富，對前者
則不知所云。

　　如果你有詳細閱讀法學院裡教的東西，這些都不應該讓你太驚訝才是。腐敗永遠是從上而下進行的，如果你細心閱讀了聯邦最高法院的判決，就會看到許許多多的腐化。我說的不只是布希訴高爾案而已。而是聯邦最高法院的大法官在許多案件中曲解史料、扭曲法律、並且從事──如果他們是一般律師的話──足以令他們受到懲戒的行為[1]。如果去當法官助理，就會親眼目睹這些現象。我國的法律體系到處充斥著這種行為，事實上，你很可能會同流合污，除非你──事先──就下定決心，不要加入這個菁英詐騙體系的共犯結構。

1　見 Alan Dershowitz and John Ely, *Some Anxious Observation on the Candor and Logic of the Emerging Nixon Majority*, 80 Yale L. J. 1198 (1971)。

第十七封信

告 發[1]

　　身爲一名法官助理，如果觀察到法官或大法官有任何不當行爲，應該怎麼做呢？想想最近的選舉案。一位親眼目睹舞弊情事的法官助理，會基於專業倫理的義務挺身出來揭發嗎？這些是我多年來在哈佛法學院教第三年倫理學課程所提出的——純理論——問題。我有很多學生都到聯邦最高法院去做法官助理，不知道有沒有人正在這件案子具體的脈絡下，面對這樣的問題。

　　法官助理和他們的大法官之間，確實存在著一種保密關係，不過這種保密關係是否超越了他們對公衆的責任？法官助理就如同在白宮法律顧問辦公室服務的律師，是爲美國政府工作。就法律而言，他們效忠的對象是聯邦最高法院這個機構，而不是他們所服務的個別大法官。他們當然不應該把最高

1　布希訴高爾案判決之後，我在《洛杉磯時報》寫了一篇評論，主題是法官助理告發腐敗法官的義務。由於對前一篇文章的内容有詳細的説明，故全文轉載此。

法院內部完全合法的運作情形說給記者聽。但如果他們私下得知任何——在倫理或法律上——不當的行為，他們的首要義務就是向適當的主管當局舉發這種不當行為。

在美國三權分立的制度下，就算一位法官助理覺得有義務舉報法官的不當行為，根本也弄不清楚誰才是適當的主管當局。法官要求自律的權力。如果對下級聯邦法官有任何抱怨，應該向其他聯邦法官所組成的全國司法會議（Judicial Conference）提出。不過聯邦最高法院則不在這個機關的管轄範圍之內。因此，大法官已經讓自己凌駕於他們號稱要執行的法律之上。如果是刑事犯罪——就例如是收賄吧——法官助理可以向聯邦檢察官告發。但法官的行為不當，多半都不足以成為可以舉報的犯罪行為。

不管是這件案子，還是聯邦最高法院其他任何一宗案件，我都沒有看到任何犯罪行為的證據。

不過有證據顯示,在共同簽署多數意見的大法官當中,至少有一位產生了足以使其喪失裁判資格的利益衝突。根據媒體報導,珊卓・黛伊・歐康諾大法官(Justice Sandra Day O'Connor)對高爾可能勝選,表示非常憂慮。「這真是糟糕,」根據報導,在聽到新聞剛開始報導高爾已經在佛羅里達州獲勝時,她曾經這樣表示。據說她和她丈夫曾經跟朋友討論,她實在很想卸下大法官的職務,退休回亞歷桑納州去。不過他們夫妻倆對友人說,除非布希當選總統,可以找另外一名共和黨員來接替她的職務,否則她絕不退休。如果此事屬實,那她對於選舉案的判決,就受到了重大利益的嚴重影響。既然已經表達出對特定結果的主觀願望——她已經協助實現的一個結果——她就應該自行迴避。這不僅僅是表面上的不當行為,事實上她以大法官的身份投票所支持的結果,正可以促成她的退休計畫順利完成。如果有一位法官助理私下聽到的任何對話,證

實了這種不當行為，在倫理上，是有義務挺身而出。不過問題還是沒解決：到底應該向誰舉發？

在另外兩件涉及總統職務的案件裡——尼克森的竊聽案和柯林頓—寶拉・瓊斯的案子——聯邦最高法院判決，任何人或任何機關，都不得凌駕於美國法律之上。但這幾位大法官正是把他們自己和聯邦最高法院凌駕在法律之上。現在還一頭栽進了黨派政治的叢林裡，我們想不出有什麼理由，可以證實他們應該享有這樣的特殊地位。如果歐康諾大法官參與了一件審判結果足以對她的退休計畫產生重大影響的案子，因而違反了法官行為規範，她就應該受到懲戒，正如同其他的法官如果參與了一件他們本身或其家人可能擁有重大利益的案件，也一樣會受到懲戒。其他任何一位大法官因為參與了選舉案而有違反上述規則之虞，也應該比照辦理。舉例來說，如果任何一位大法官指示法官助理去找出一個法律上的正當理由，以便做出有利於特定候選人

的判決，這也是不適當的。如果確實發生了任何可能的不當行為，我們只能從圈內人那裡知悉。

如果本案真的有必須告發的理由，現在會不會有一個受到良心譴責的法官助理站出來告發？將來司法史學家幾乎一定會發現，聯邦最高法院對這件選舉案做出結果導向的裁決，背後到底有什麼內幕。到時候很可能會有某些人的名譽受到玷污，除了大法官之外，還有那些可能知道內情，但卻保持緘默的法官助理。現在或許是這些正派人士挺身而出的時候了。

第十八封信
善、惡、誠實和不誠實

怎樣才叫做一個好律師？每天差不多都會有一個人來請我給別人推薦一位「好律師」。我多半可以從有過實際的共事經驗、或在工作上曾經密切觀察的人裡面，想出一個適當的人選。這個人有時候可能是我的同事或是對手。有時候擔任過某個案子的主要辯護律師，而我曾經拜讀此案的審判紀錄。不過對於許多律師，我只能憑他們的名聲做出判斷，而名聲可能是來自精心處理的公共關係，而非事實證明他們有多麼優秀。我也親眼見過聲譽卓著的律師完全沒準備就出庭，而且表現得一塌糊塗。

我一向很重視自己提出的推薦，有一部分是因為我自己有不少案子，是來自曾經和我共事和觀察過我工作的律師所推薦。（不過我覺得最得意的推薦，是出自牢裡的一名囚犯，他委託我上訴的官司打輸了，但認為我確實盡了力。）

如果要推薦一個我沒有親自看過他工作的人，這時候我最多只能向自己所推薦的人坦白表示，這

個推薦是賭上了我個人的公信力，而且我想要檢視
這位律師的工作成果——訴狀、聲請等等——以便
追蹤這個案子。這樣一來，多少還能確保律師會認
真處理這件案子，做好該做的準備，如果不然，我
還能和當事人說明，並且一定不會再推薦這位律
師。

　　除此之外，我通常多少都能保證所推薦的律師
是一個誠實的人。接下來我就必須解釋，在我們這
個常常不誠實的法律體系裡，到底怎樣才叫做「誠
實」。

　　幾年前，我接到中西部一位無計可施的母親打
來的電話，她的兒子因為殺了三個人，可能被判處
很長的有期徒刑。她說兒子的律師——除了律師費
以外——跟她要一萬一千塊去跟法官和檢察官「交
際應酬」，好縮短她兒子的刑期。這位婦人問我，
這位律師「誠實」嗎？這句話的意思是，他是真的
拿這筆錢去打點法官和檢察官，讓她兒子的刑期縮

短嗎？還是他會「不誠實」，私吞了這筆錢，而不
替他的當事人說項？

我跟這位婦人說，當所謂「誠實的」律師，是
指他真的會信守諾言去賄賂，那法律真是淪落到一
個非常悲哀的地步。我勸她不要付這筆錢，而且力
促她向適當的執法單位告發這名律師。在掛電話之
前，這位母親問了一個常常有人問我的問題：「現
在還有誠實的律師嗎？」

這個答案非常明確，**有**。不過在全國成千上萬
個不誠實、不可信賴、聲名狼藉的執業律師當中，
有時候確實不太容易找到。全美幾乎沒有一個城市
或鄉鎮，可以讓一位普通的公民翻開電話簿就能找
到一位誠實的律師。律師的腐敗也不是僅限於地方
的層次。從水門事件、艾伯斯坎（Abscam）行
動、伊朗軍售案（Iran-Contra）、一直到前任司法
部副部長韋伯‧赫勃爾因為欺騙當事人而被定罪等
等，在這些曝光率非常高的全國性案件當中，有大

批的律師都因爲犯下重大罪行而被定罪，就證明了
這一點。情況惡化之嚴重，甚至我在哈佛教第一年
的刑法課時，一開始就先告訴學生「根據統計，你
們將來變成刑事**被告**的可能性，要比成爲刑事辯護
律師還高。」

　　每年有成千上萬的律師因爲各式各樣的不當行
爲，而受到法院公開的懲戒。這可能只是冰山的一
角，因爲很多當事人根本不知道他們被自己的律師
給坑了，還有人是害怕得不敢申訴——尤其他們申
訴的對象也是律師。儘管如此，每年全國有將近十
分之一的律師，被不滿的當事人以業務過失爲由要
求賠償。猶有甚者，非正式的警告和私下的譴責，
遠遠超過由法院強制實施的公開懲戒程序的數字。

　　美國的法律體制到處瀰漫著一股腐敗的氣味——
——至少這些人是可以收買的。

　　情況之所以惡化至此，法律這一行的人要負很
大的責任，因爲他們大言不慚地向新進人員說謊：

他們鼓吹誠實的重要，但一天到晚貪污腐化，而且獎勵腐敗的行為。民眾普遍懷疑某些律師公會——通常是由他們來負責監督律師——並沒有積極追查律師同行之間的腐敗。特別是那些遊走在法律邊緣的貪污情事，例如所謂的兜售影響力，那種在律師公會非常活躍的律師，經常到處兜售他們的影響力。

連誠實的律師都成天炫耀自己認識哪些人，讓大家根深柢固地認為，認識最多法官的就是最好的律師。和法官「友好」，以及真的能夠對法官「有影響」，兩者之間的界線可以說很微妙，而當事人根本弄不明白。畢竟，要不是對當事人多少有點幫助，律師幹嘛要提他跟法官有什麼交情？這麼一來，當事人自然會去找最有影響力的律師，以為可以保證得到最好的審判結果。羊毛當然是出在羊身上。

法學院可能也有責任。法學院的畢業生沒有得

到充分的訓練,來面對他們在法律事務所和當事人
激烈競爭的世界中,可能會遇到的真實誘惑。多年
以來,法律倫理學一直是美國的法律教育的拖油
瓶。考夫曼(Andrew Kaufman)教授和費里德曼
(Monroe Freedman)教授——兩位都是法律倫理
學的專家——曾經在我的刑法課當堂辯論。考夫曼
表示,既然他們都是哈佛法學院的畢業生,兩人學
習法律倫理學的地方,應該也是同一個——道上。
道上的經歷告訴他們,貪污通常會帶來成功的報
酬,而遵循理論上的規則,最後只會得到破產的懲
罰。

　　水門事件的醜聞發生以後(或許應該叫做「律
師門」事件才貼切,因為許多律師公會的會員都涉
案了),這種情況多少有了改變。美國律師公會現
在堅持,法學院的每一個學生在畢業之前,都要修
一門法律倫理學的課。不過這樣弄出來的許多課
程,看樣子也沒辦法改善現狀。老師教學生要遵守

倫理，但學生是有樣學樣，根本不會聽什麼道德主義的宣言。等到畢業之後，他們老是看到那些兜售影響力和虛情假意到處寒暄的傢伙，一再得到同儕和當事人的獎勵及尊敬。即使是最優秀、最聰明的青年律師，也難免會產生犬儒主義和挫折感。

如今有越來越多的法學院畢業生，競相爭取為數相當固定的法律相關工作，這只會更加誘使他們不計一切地爭取客戶。

當然，律師腐化最後的受害者就是當事人——司法的消費者，常常為了律師的影響力付出高額的費用，結果幾乎什麼都沒買到。

然而，我們是有可能打破這個惡性循環。消費者是可以保護自己不受無恥律師的剝削。但首先，當事人必須相信，誠實的律師比不誠實的律師更有機會勝訴。除非事實真的變成這樣，否則沒幾個人會相信。

要如何辨別誰是誠實的律師，誰是不誠實的律

師？這沒有一翻兩瞪眼的檢驗方法，不過下面有幾
個指標：

• 小心那些信口開河的律師。許多不誠實的律
師都是能言善道的大騙子。

• 保證會運用其影響力的律師，多半都是在吹
牛。

• 在某些情況下，律師還真的可以「辦妥」一
件案子——這時候他的交情、影響力、或真金白銀
的賄賂，都可以影響訴訟的結果。那些都是最無法
無天、也最不利的案子，涉案的法官是不折不扣的
惡棍，因為要不是他們，事情一定會東窗事發。

• 對那些靠貶低其他努力工作的同僚來自我推
銷的律師，一定要心存懷疑。「那傢伙做研究可能
還挺有一手，」他說，「不過法官不喜歡他。」這
種律師一般都很欠缺法律的能力，只會花時間參加
律師─法官的午餐會、律師公會的雞尾酒會、以及

參加司法研討會，好讓別人看見他跟法官同進同出。這些對他可能有幫助，但對你可沒好處！我認識的許多法官，對這些整天虛情假意到處寒暄的人都心存懷疑，反而尊敬辛苦工作的律師，他們在呈現法律和事實論證時，都有充分的準備，減輕了法官的工作負擔。

● 一定要找一個對於法律和事實的爭點言之有物、侃侃而談的律師。大多數的案件——特別是不涉及政治化議題的小案子——判決的關鍵其實在於案情的是非曲直，以及律師的法律能力。

一位以前的當事人曾經打電話跟我說，有一位律師建議他拿錢出來打點，以便取得一份市立學校的校車合約，這樁生意有利可圖，他也覺得自己有資格得標。我到美國檢察署舉報這件事。我的當事人也答應合作設計逮捕這位律師。結果成功了。這位不誠實的律師被捕之後判刑入獄。我的當事人拿

到了那份合約。這件事到後來皆大歡喜。不過那些被律師牽著鼻子去賄賂和舞弊的當事人，很少有什麼好下場。

美國的制憲者——在約翰·馬歇爾、何姆斯和布蘭迪斯等司法巨人的協助下——所創造出的法律體系，是專門用來抗拒律師和法官身上的人性弱點。這個體系不會因為參與者的腐化而毀滅。但要在某一樁案件中伸張個人正義，關鍵在於找到一位能幹而誠實的律師。律師這一行所面對的下一個任務，是讓普通的公民能夠更容易地分辨誰是誠實的律師，誰是訟棍。為了要達成這個目標，必須要有同儕誠實的評論，並且出版律師的評等。現在我們可以找到幾本書，對某些領域的律師所做出了同儕的評估。這是一個開始，不過還需要更多的努力。

第十九封信
當事人不是朋友

　　你的當事人不是你的朋友，你的朋友也不該變成你的當事人。監獄裡有一排排的牢房，關在裡面的律師，全都是誤以為那些魅力四射的流氓付了一大筆律師費、又請他們吃昂貴的晚餐，就成了他們的換帖兄弟。接著這位換帖兄弟被定了罪，就遞出了一張「免費出獄卡」。看哪！上面印的是你的臉。他正拿你的自由來換他的自由之身。與其做出對他不利的證供，檢察官寧願還他的自由之身。畢竟你是個大牌律師，他只不過是個無名小卒。在美國，要逃離監獄的第一守則，是永遠要有一個身份地位比自己更了不起的冤大頭。你昔日的當事人兼朋友懂得這一條守則，也知道你就是那個比他更有身份地位的人。

　　不過他能招出什麼來讓你入罪？只要你不跨越從律師變成朋友的那條界線，那他就無料可爆。要是你吃了秤坨鐵了心，那就有好戲看了。畢竟朋友會幫朋友做一些律師根本不應該替當事人做的事。

表面上可能完全無辜，例如幫他點一根大麻煙。或是像幫助他「改善」口供這種違反專業倫理的事。最近有一位律師被判入聯邦監獄服刑十年，據稱就是因為要替一位以販毒被起訴的當事人兼朋友辯護，而買通他人作偽證。

當年我還是一個年輕律師的時候，曾替一位富裕、殷勤又好交際的男人上訴。他是個單身漢，跟母親同住，不過在曼哈頓中城保留了一間小型的備用公寓，提供朋友和律師一個地方，讓他們背著老婆在外面玩。幸好我用不著這種地方。後來我才知道他早就裝了監視錄影器，把這些露水姻緣都拍了下來，這位當事人就以此當作攻擊的武器，來勒索他的律師兼朋友。我也聽說過類似的故事，說律師和他們的當事人兼朋友一起抽大麻、吸古柯鹼、或是做了其他為非作歹的勾當，到頭來反而慘遭勒索。

替這位裝設監視錄影器的當事人辯護過了幾年

之後，我又代表另外一位當事人提出上訴，結果他付律師費的支票跳票了。他提議說要用現金來取代這張跳票的支票，堅持我在申報所得稅的時候不必把這筆現金列上去（因為他也沒有報）。我告訴他我每一筆收入都一律申報，他看著我，好像我有神經病似的。「大多數和我打交道的律師，」他說，「都比較喜歡收現金，因為這樣不必報稅。」雖然用現金收費是合法的，[1]我還是強烈建議大家不要這麼做。照理說，現金必然是一個危險的訊號。為什麼有人想付給你現金，除非**他們**不申報所得，或是有意抓住你的把柄？對那些想付現金給我的當事人，我有一套標準的說法：「我不能同時當你的銀行家和律師。要辦金融事務就去銀行。」

對許多律師來說，律師費經常是一個誘惑的來源。在法律執業的這個層面上，律師和當事人是有

1　當然要看報稅的相關要件等等。

著潛在的衝突。當事人想少付點錢，而律師想多收一點。我有時候會羨慕英國從前的出庭辯護律師，從來不必跟當事人直接就費用的問題——或是其他的問題——打交道，而是由初級律師來聘僱和付費。我的辦公室裡就有一個19世紀留下來的出庭律師收費箱，初級律師會小心地把費用放進去。我保存這個箱子是為了提醒我自己，在那個時代，法律是一個「知識性的行業」，而不是一種商業。

現在的法律和做生意差不多，大型的法律事務所的行事作風，跟其他專注於買賣盈虧的大企業沒兩樣。如果當上一名私人律師，勢必要變成一個商人，但盈虧未必要用金錢來衡量。

第二十封信
別再哀怨了，趕快贏得官司吧

每當我覺得意興闌珊的時候，就到www.greedyassociates.com的聊天室偷聽網友聊天。聽一票被寵壞了的有錢小鬼拼命哀怨了五分鐘以後，我對自己的問題也不再那麼沮喪了。首先，「法蘭仙」抱怨說：

16萬5千塊沒有你想得那麼多。

扣掉7萬塊的稅金。就剩下9萬5千塊。

還要扣掉中間人的費用（2500），房租（一個月1200）、伙食（一個月200）、治裝費（一年2000好了）。這樣一年要3萬塊：那就只剩下4萬塊。

假設你還有念大學和法學院總共9萬塊的學生貸款。

假設你每年要還2萬5千塊。那就只剩下1萬5千塊了。

現在是「非法網神鷹」在哀哀叫，想證明「我們沒有完全被寵壞」：

12萬5千美金加上一份假設3萬5千塊的分紅=16萬

減去30%的聯邦稅金（4萬8千塊）=11萬2千塊

減去社會福利稅（大約4萬4千塊）=17萬

減去州稅和市稅（大約1萬4千塊）=9萬3千塊

減去法學院的貸款（就算是一個月1800塊）=7萬1千4百塊

另外減去紐約市相對於全世界幾乎其他任何地方的一個月1200的房租=5萬7千塊

所以一下子……你成了高爾的中產階級，而不是布希金字塔尖端的1%。

最後「恐怖伊凡」提出了挑戰：

我很想在這裡聽到至少有一位「真正」快樂的企業律師說說話──而且別跟我說你要養那些2L暑期實習生之類胡說八道的話。像「哦，我處理（影

印）過好幾十億美金的大生意──唉喲」，這種蠢話，我可一點也不買帳。

我們坦白說吧──我們這一行爛透了。

這些初出茅廬的男男女女一年賺的錢──以絕對和相對的角度而言──比全世界大多數的人一輩子賺到的錢還多。而且不需要搬重物。當然，工時很長，合夥人的要求又很嚴苛，但他們以爲這些薪水這麼好賺嗎？如果他們二十幾歲的時候就不能承受這種壓力，合夥人的責任越來越重，他們又要怎麼應付？這畢竟是一段考驗和學習的時期。所以不應該有人期待會得到什麼細心的呵護才對。

我對這種哀怨並不驚訝，因爲這常常在法學院就開始了。他們是在強烈的競爭下殺出重圍，才能進入哈佛這種學校，結果很多學生一入學就要求終止這些競爭和評分。他們不喜歡蘇格拉底的方法，因爲這會讓他們處在不利的地位。他們要求說話要

有規則，以免他們受到「攻擊性」的評論。等到踏
進混亂不堪的眞實世界，他們希望得到成年人的酬
勞，卻冀望受到孩子般的寵愛。

　　對不起，怕熱就不要進廚房，改行就是了——
只不過薪水比較低罷了。如果你想擠進全球收入最
高的專業人士之列，那就加把勁，不要抱怨個不
停。如果哈佛的競爭壓力太大，就換一間競爭比較
不激烈的學校。如果凱威的工時太長，那就找一間
薪水只有一半，但休息時間比較多的法律事務所。
沒有人強迫任何人非得在這個薪資結構最上層的行
業裡成爲頂尖人物，但你要是有這個野心，就沒有
權利降低標準。

　　世上還有許多選擇。去做社會公益。替死刑犯
辯護。接環保的案子。這些工作也許要投入大量的
精力，但可能帶來更大的成就感。酬勞當然就沒這
麼好了，不過高酬勞也是有價碼的——工作辛苦，
工時又長。命運控制在你自己的手裡。別再抱怨

了，選擇你自己的命運吧。你可以自己開事務所，不管是獨立經營，還是找一、兩個朋友合夥。創業也很辛苦，但你至少可以決定要辛苦到什麼程度。如果你要走這條路，一定要在大事務所留下正面的風評，這樣一旦找上門的案子太小，或是和他們有利益衝突，他們有可能會把案子介紹給你。自己創業的缺點是到時候就沒有人聽你哀哀叫，但如果你幹得有聲有色，或許可以聘請幾位同事來抱怨你。

　　年輕的同僚總說自己是公司用低價釣客戶來花大錢的犧牲品，拿這個當作自己的藉口。有一個陳年笑話，是說魔鬼讓一個讀到第三年的法學院學生免費一窺地獄的光景。這位同僚看到的全是春風得意的俊男美女，大啖美食，尋歡作樂，於是他就變成一個罪人。等他最後一命嗚呼，被打入萬劫不復的地獄，地獄卻變成了一個充滿火焰和痛苦的地方。他向魔鬼抱怨，要魔鬼別忘了先前給他看的那幅景象。魔鬼回答說，「那是我們的暑期徵才計

畫。」不過到了今天——拜www.greedyassociates.
com和其他資訊的來源所賜——誰也沒有權利說自
己完全沒想到是這個樣子。你很清楚在大型事務所
過的是什麼日子，你也選擇了這條路。所以別再抱
怨了。要不就盡忠職守，要不就換工作。少年得志
還埋怨的不停，實在不怎麼好看。

第二部分
輸贏之間

第二十一封信
哪裡可以學到辯護技巧？

在這整本書當中，我在不同的脈絡下一再反覆提出的一點建言，就是律師的教育實在太重要了，不能全部丟給法學院了事。不管多麼傑出，任何一間學校都沒辦法把法律這個專業（或是這個行業）該知道的事全部教給未來的律師。說到這裡，我必須補充一點，律師的教育實在非常重要，所以也不能完全交給執業律師負責。卓越的法律教育，必須在教室、法庭、和辦公室經驗之間取得平衡。訴訟律師的教育尤其如此。

一代又一代，許多第一流的法學院都沒辦法教育出第一流的訴訟律師。事實上，我們可以公平地說，第一流的訴訟律師，念的大多都不是第一流的法學院。我任教的法學院——哈佛——多少要負一點責任。早在19世紀，哈佛法學院的院長克里斯多夫・蘭德爾（Christopher Columbus Langdell），就發展出關於實體法、法律實務見解、法律理論與法律程序的上訴案件教學法（appellate-case method）。

強調的是上訴判決——也就是上訴法院主要針對法律爭點所達成的判決。既然美國法律基本上是一種判例法，上訴法院是主要的法律制定者，這是可以理解的。（成文法當然是立法機關制定的，不過適用範圍通常很廣泛，因此很少能夠解決特定的爭議。）

美國法學院經常略過不教的——至少是教得不夠好——是辯護的基本技巧：如何為案件作準備、如何詰問證人、如何在陪審團面前進行辯論、如何寫訴狀、以及如何在上訴法院法官面前進行辯論。至於法學教授為什麼不強調這些技巧，有一個理由是我們可以理解的：因為許多教授根本沒有這方面的經驗或長才。至少有許多學校在遴選法學教授時，不是根據他們作為執業律師的技巧，而是基於他們身為法律學者和法學教師的名氣。事實上，許多法學教授大概都可以成為出色的辯護律師，因為在教室裡講課與在法庭上辯護有異曲同工之妙；法

125

律教學並不是那種「有本事的自己做,沒本事的敎人做」的行業。

不管是基於什麼原因,從頂尖法學院以優異成績畢業的學生,在走進法律實務的時候,根本搞不清楚怎樣才能成為一名成功的辯護律師。學校大多叫學生走入社會,觀察那些被認為具備這些技巧的人。問題是大多數的學生就算遇到技巧高明的辯護律師,也根本不知道要怎麼才能看出來。這種辯護的技巧,未必一眼就看得出來。尤其大多數的學生只能對執業律師做短暫的觀察。因此,他們偶爾會把口齒清晰和辯護技巧混為一談。雖然口齒清晰可能是有效辯護的先決條件,卻不能取而代之。學生常常以為衣著光鮮、外表出眾、魅力十足,就能做出有效的辯護,當事人其實也這麼想。再說,這些幸運的特質當然可能有助於律師說服陪審團(或甚至法官)。但根據本人的經驗,我所見過的幾個最拙劣的辯護律師,正是考究、迷人、外表出色──

而且愚蠢。而某些第一流的辯護律師，卻不修邊幅、（對個人的細節）丟三落四、還有一些小毛病。我記得《紐約客》有一篇漫畫，是描繪兩個當事人在一間律師的等候室討論他們的律師，我們可以看到坐在桌子後面的這位律師穿著小丑的衣服。「他一定很厲害，」其中一位當事人說，「如果他那副打扮都能過關的話。」

　　我還記得剛開始擔任法官助理的時候，就親眼目睹了一場精采的上訴案件辯論（appellate argument），這位來自司法部的律師，技巧令我非常折服。他事先就預料到法官會問什麼問題，不只用他的答案來回應法官所關注的問題，還能把他的論證進一步發展。他非常善於運用案情事實和法律。過了幾個小時，吃午飯的時候，我們幾個法官助理都在討論這場辯論。有一個人率先發表意見，說這位律師不怎麼行。我在驚訝之餘問他為什麼。「你沒注意到他那雙鞋嗎？」他用誇張地語氣問我。「他

的鞋子是咖啡色的，又沒有擦亮。」不，我沒注意到，而幾位法官也沒有留意。他們好像也不在乎他的西裝還皺巴巴的。後來我請教貝澤隆法官對這位律師有什麼看法，他向我保證這是當地最出色的律師之一。

法學院的學生也常常把智力和有效的辯護混為一談。同樣地，想做出有效的辯護，高度的智力當然很重要，但智力絕對不能和有效的辯護劃上等號。我聽過一些我認為最聰明的人，在法官或陪審團面前卻做出了最軟弱無力的辯論。有效的辯護，是我們在未來或執業的律師身上最難看到的特質之一。這種技巧可能要花許多年來開發和磨練——這其實是各種技巧的集合——才能創造出讓辯護律師足以驕傲的成品。

當然，這一行還有一些端倪、捷徑、避之則吉的死胡同、以及其他有用的手段——在後來的幾篇文章裡，我會提到其中幾項——不過關鍵在於用功

與否。

在現實生活中，訴訟很少是在法庭裡打贏的。讓人目不暇給的交叉詰問，幾乎從來不會締造出「佩理・梅森的時刻」（推理作家賈德納〔Erle Stanley Gardner〕創造的人物，是一位從無敗績的律師）。在民事案件方面，法庭幾乎沒有什麼高潮迭起的場景，因為證人在開庭之前就已經做成書面證詞（deposition）了。事實上，民事審判的主題曲就是「平平淡淡」。結果大多都像是百老匯戲劇的開幕之夜，在首演之前早已經過無數次的排練。刑事審判則偶爾會有某些精采畫面，但幾乎都沒有好萊塢電影或電視法庭戲裡那些主要的情節。訴訟的勝敗在於準備——在圖書館跟實務工作裡。

有太多律師仰賴他們的「法庭技巧」，對運用這些技巧所需要的準備工夫，往往不當一回事。身為一位上訴律師，對於刑事審判敗訴的案件記錄，我讀的恐怕不比任何人少，要說其中若有什麼共同

的主題，那就是準備不足。名聲響噹噹的律師，到法庭裡賣弄他們的技巧，但對於主要的判例法、現代DNA科技、和關鍵證人的背景卻不甚了解。

任何一位法學院的畢業生，除非已經著手培養自己的辯護技巧，否則都不應該認為自己的法學教育已經完成了。每個律師基本上都是一位辯護者。法律是一種當事人進行主義的行業。成為優秀的訴訟律師所需要的技巧，也可以協助我們成為一名出色的非訟律師、或消費者訴訟律師。只要是由經驗豐富的優秀律師開課，辯護技巧的課程是非修不可，而且還要到法院去聆聽審判、以及——最重要的是——盡量追隨最優秀的辯護律師工作一段時間。把這些全部結合起來，就可以出社會，開始自己學習了。

第二十二封信

在陪審團面前贏得訴訟：
「啊哈」理論

雖然我多半是在法官面前進行上訴案件辯論和其他的法律辯論，參加陪審團審判的次數不多，但我這方面所做的諮詢和閱讀過的記錄，足以在這方面提供一些指引。除了一般常聽到的建言之外——充分準備、交叉詰問要簡潔有力、辯護時的語調如何調整——我還要提供一些破除迷信的建議。

我的第一個建議，通常是拒絕那些以「絕不」或「一定要」開頭的建言。有些比較資深的律師會向新人建議，進行刑事訴訟的時候，「絕不」讓證人出庭作證。到底要不要放棄代表自己作證的權利，我相信這應該算是當事人在審判期間最棘手的戰術性決定。因為刑事被告大多都會被陪審團定罪，不管是否決定要出庭作證，都會被認為是敗訴的罪魁禍首。我通常會在被告被定罪之後不久，跟他們見個面，他們一見到我，就會講到他們的〔咒罵語刪除〕訴訟律師「讓我出庭作證」或「不讓我出庭作證」，真是成事不足，敗事有餘。訴訟律師

不管怎麼做都不對,就算最後是當事人自己做的決定——至少在理論上,應該這樣才是。敗訴總是算在訴訟律師頭上,但勝訴很少是他們的功勞。(一旦律師替當事人贏得訴訟,當事人一般都不想跟律師有任何瓜葛,因為他不想再回憶起這場審判,而且說服自己相信,勝訴靠的是他自己的清白,而不是律師辯護有方。)

在大多數的案件裡,被告出庭作證與否確實很重要,因此到底要不要讓被告作證,是一個很為難的決定。陪審團想親耳聽聽自稱清白的被告怎麼說。儘管法官會指示陪審團,不要因為被告引用不出庭作證的憲法權利,而做出任何將被告入罪的推論,但許多陪審員都會這樣問自己,「如果他沒有什麼不可告人之處,何必拿憲法增修條文第五條當擋箭牌?」

那何不乾脆就讓當事人出庭作證呢?其實是有幾個非常充分的理由。首先,不管他的說法是什

麼，被告很可能是有罪的。從統計數字看來，在陪審團面前受審的被告，絕大部分其實都是有罪的。如果你明知道當事人有罪──如果他向你認罪，或是讓你看到不容懷疑的犯罪證據──那你可以不讓他出庭作證、以及因為回答你的問題而犯下偽證罪。刑事被告都知道這項規則，沒有幾個會跟律師坦白認罪。在我處理過的幾百件案子裡，只有一個被告曾經向我坦白，而且在我成為他的律師之前，他已經向一名警察招認了。（我們是引用和有罪與否無關的憲法依據而打贏了這場官司。）

在大多數的案子裡，律師都可以自由建議當事人到底要不要作證。有很多案子，這種問題根本不必用大腦想就可以決定，因為被告作證的效果不但糟糕，還會讓檢方趁機引用一些本來只要被告保持沈默，就不得呈上法庭的證據。這種證據可能包括被告的前科、有關其名聲和人格的負面證詞、以及反證證人（rebuttal witnesses）。有時候就算效果會

很好,也不會引來不利的證詞,但顯然還是不能讓當事人作證。舉例來說,如果辯護的重點在於警察的不當行為或疏忽、科學鑑識單位的無能、或是檢方專家的話不足採信,這時候把焦點轉移回到被告身上,可能是很不明智的策略。一旦被告出庭作證,陪審團很容易把其他證人作證的重要性大幅度降低。而把焦點放在他們相信被告與否。所以在辛普森一案,連想都不用想,就知道不可以讓他上證人席。既然他沒有出庭作證,陪審團就只會注意警方、鑑識專家和檢察官有多麼無能,例如讓辛普森在陪審團面前試戴手套。這對我們非常有利。不過一旦辛普森成了審判的焦點,檢方這些愚昧的錯誤就變得無關緊要,民事訴訟的時候,辛普森就上了證人席,果然落得敗訴的下場。

刑事案件的被告大多以為他們作證的效果會很好,因為其中很多人一輩子都在招搖撞騙。他們通常很想作證,還得律師來苦口婆心地勸他們打消此

意。辯護律師絕大多數都不希望被告作證，其實是其來有自的。有時候律師只是在反射動作下做出決定，引用那句「絕不」：「我絕不讓當事人上證人席。」不過在某些情況下，被告是應該出庭作證的，一個好律師的職責，就是評估所有的因素，對每一位個別的當事人做出正確的建言。舉個例子，如果是以精神失常來辯護的案子，要是被告出庭作證可以證明他的確精神失常，通常還是讓他上證人席比較好。碰到這種案件，被告的作用其實是一件證物，而不是一個證人。律師應該根據每個不同的案件做出「零售式」的決定，而不是根據籠統的預設就做出「量販式」的決定。

大多數的年輕律師學到的另外一個「絕不」規則，是「絕不要問一個你不知道答案是什麼的問題。」不管是民事或刑事案件，在對一位友性證人（friendly witness）進行主詰問（direct examination）的時候，這句話當然沒有錯。如果你給證人做了充

分的準備，在主詰問的部分應該不會有什麼意外。
但這個「絕不」規則也適用於交叉詰問，而且民事
案件通常會讓敵性證人（adverse witness）在審判之
前做出書面證詞和接受交叉詰問，所以這個規則也
行得通。不過碰到了刑事案件，就不應該毫無變
通。當然，在提出每一個交叉詰問的問題之前，如
果事先知道答案，當然好得多，有時候還可能問出
封閉式的問題，這時證人因爲先前的陳述或行動，
說出的答案必然對當事人有利。有時候則有可能給
證人將軍，問一個只會出現兩種答案的問題——這
兩種答案都可能有利於你的當事人。如果他回答
A，那這個答案就會證明你的論證是對的，如果他
回答 B，你就能證明他在說謊。碰到這種情形，你
不必事先知道他會怎麼回答，因爲不管哪一種答
案，都會對你的當事人加分。不過一位優秀的辯護
律師，有時也必須依據對各種可能情況所做的評
估，冒著經過計算的風險。當證據對你的當事人非

常不利，眼看幾乎確定要敗訴的時候，問幾個冒險
的問題——只要潛在的益處和危險不相上下——對
當事人可能反而有利。

吉伯特和蘇利文的輕歌劇《比納佛軍艦》
（*HMS Pinafore*），有一首很好聽的歌曲，艦長唱
這首歌來讚美自己，船員則充作歌舞隊。每次艦長
稱讚自己具有某一種絕對的優點，例如絕不暈船，
或絕不罵粗話，船員就會提出質疑：

「什麼？絕不？」

他就回答說，「絕不。」

船員不斷向他提出質疑，「什麼？絕不？」艦
長終於不得不承認，「嗯，是幾乎完全不會啦。」

所以當別人告訴你「絕不要」運用某一種戰術
（如果可以使用，又符合倫理），你就當作是「幾
乎完全不要」就好了。

至於在陪審團面前辯論的辯護技巧，就比較一
般性的層面而言，我有一句忠告，聽起來可能違反

我們的直覺，但我相信是完全正確的：盡量不要讓陪審團認為你在企圖說服他們。

讓**他們**自己做出你要他們達成的結論。我把這個叫作辯護技巧的「啊哈」理論。在我的小說《正義的復仇》（*Just Revenge*）當中，我解釋了「啊哈」這個說法的來源：

「啊哈」成為林哥家的一句代稱，指的是艾伯多年來發展出的一種風格：在辯論中問出修辭性的問題。這種作法讓陪審員和他產生了互動。他深信辯護技巧之所以會達到最大的效果，不是因為律師硬逼著陪審員接受他的推論，而是律師讓陪審員自己想出這番推論，或至少以為是自己想出來的。讓陪審員對這段論證有更多的參與。艾伯稱之為「辯護技巧的啊哈理論」，這個靈感是來自哈斯基跟他說過的一個猶太人的笑話：有個猶太人多年以來，每天晚上都到同一家餐廳點雞湯喝。這回服務生發

現這位客人連動都不動，就問他，「這難湯太燙了嗎？」客人沒有回答。「太涼了？」沒回答。「難道湯裡面有蒼蠅？」沒回答。最後無計可施，服務生就說，「我自己嚐嚐看是哪裡不對勁好了。」服務生過來要嚐，卻沒有湯匙可用。客人看著這位服務生說，「啊哈！」

艾伯相信陪審團就跟那個服務生一樣。必須自己去發現哪裡不對勁，然後你就可以說，「啊哈！」

律師絕對不可以讓人感覺像個推銷員，拼命想把貨品賣給陪審團。陪審員不喜歡別人敎他們該怎麼想。你發言的時候，他們可能會點頭，一副與我心有戚戚焉的模樣，不過一旦回到沒有你在場的陪審室，他們就會想要自己獨立思考。一定要記得《十二怒漢》這部電影。

在法官面前贏得訴訟：
政治性正義

如果你只在乎贏得訴訟，那有一條很簡單的規則可循：慎選案件。如果你唯一的目標就是拿到一個漂亮的勝負紀錄，只要專接穩贏不輸的案子來打，就可以拿到近乎完美的成績單。法官和陪審團不同，由法官裁決的案子可以分成兩大類：第一類是法官除了主持正義之外，完全沒有涉及任何利害關係的案子。理論上，每個案子都應該屬於這一類，因爲法官宣誓要伸張正義，「不會因人而異……」不過在現實世界中，許許多多案件的判決結果，都涉及多位法官本身重大的利害關係。這種利害可能是基於事業的考量：法官渴望獲得連任，或是晉升到上級法院，然而做出對某一位訴訟當事人有利或不利的判決，可能會讓這個目標變得比較不容易達成。這種現象在刑事案件中尤其影響重大。無論事實上是否如此，法官要是讓人覺得他「對犯罪的立場軟弱」，獲得連任或升遷的可能性就會降低。回想一下紐約聯邦法官哈洛德・貝爾（Harold

Baer）的案子，他恰如其分地判定，在汽車的後車箱找到的毒品，因為查扣時違反憲法，便不具有證據能力。結果引起眾怒。在1996年總統選舉期間，兩位候選人都對他大加撻伐。儘管他後來還是向壓力屈服，撤銷了原先的判決，但更上一層樓的機會便從此毀於一旦。兩位總統候選人所傳達的訊息再清楚不過了：如果還想更上一層樓，即使憲法要求你做出對他們有利的判決，還是要站在罪犯的對立面。

　　另外一個小故事也帶給法官們同樣的教訓。約翰・艾許克羅夫特（John Ashcroft）被列為司法部長的可能人選時，引起了不少爭議，原因是有一位非裔美籍州法官調升聯邦法院受阻，而他在這次事件中扮演了相當的角色。因此被指控為抱有種族偏見。他的回應是，他確實對這位法官有偏見，但不是因為這位法官是黑人，而是因為他曾經投票撤銷好幾宗死刑案件。民眾對**那種**偏見完全不以為意，艾許克羅夫特的任命也獲得批准。對於要如何對待

刑事案件的被告，法官再次獲得了一個非常清楚的
訊息：寧可錯殺，不可錯放。

　　所以，不要指望刑事案件有什麼公平的遊戲規
則。根本沒有這回事。幾乎在每一個刑事案件中，
特別是知名度高、被告的社會觀感又不好的案子，
升遷的野心都在正義的天秤上占有很重的份量。而
且情況非常嚴重，因此我寧願在高齡八十幾歲、思
想保守的上訴法院法官面前辯論，也不想在溫和派
的年輕法官面前辯論，因為前者已經沒有任何野
心，因此當事人的法律主張還有機會得到一個客觀
的評估。

　　和法官的利害有關的，不只是刑事案件而已，
只不過這種案件的情況最嚴重。因為法官之所以能
夠有今天，大多歸功於對某一個政黨或政客的忠
誠，因此法官都是政治動物。就像那句諺語說的：
「律師搭上州長就能當州法官，搭上參議員就能當
聯邦法官。」這句話未必完全屬實，而有些法官是

基於其他的因素——種族、宗教、族群、性別、政治意識形態、有時候甚至因為才氣——而獲得任命。我不知道有任何一位法官的任命——至少在最近幾次——是基於「司法哲學」，雖然每次都號稱這是主要的因素。大多數的州長、參議員、總統和選民，根本不知道司法哲學——不同於政治哲學——到底是什麼東西，因為這種哲學處理的是很深奧的議題，例如司法自制（judicial restraint）、聯邦主義、判決先例的角色、以及解釋法律時所採用的適當工具。[1]

---

1 1970年代初期，我替《紐約時報》寫了一系列的文章，探討司法哲學和政治哲學之間的混淆，我在文中指出下面這一點：〔尼克森〕總統所謂「司法哲學」的意思，根本一點也不清楚。「現在我要解釋『司法』這個字的意思，」他說，「我所謂的司法哲學，並不是在每一個議題上都同意總統的意見。」，他繼續說，「一位大法官不應該扭曲或曲解憲法，來使得他的政治或社會觀可以永久流傳下去。」他向觀眾保證，被提名者和他有同樣的看法，而且都是保守派（「不過只是司法的保守派，而非政治的保守

如果大多數的法官之所以獲得任命，主要都是
因爲社會期待他們在某些種類的案子──刑事、墮

─────────────────（續）

派」），接著總統繼續舉例說明他所謂保守的司法哲學是
什麼意思：「作爲一名司法的保守派，我相信過去聯邦最
高法院的某些判決，已經過度弱化了我國社會中與犯罪力
量對抗的和平力量。我們絕對不能剝奪和平力量爲了保護
無辜者不受犯罪者侵害所需要的法律工具。」總統強調法
律與秩序的態度，並不是一種「司法哲學」。這只是總統
強調不應該由一位聯邦最高法院的大法官永久流傳下去的
一種「個人的政治及社會觀」。司法哲學處理的是聯邦最
高法院作爲一個體制所扮演的角色。它必須回答下面這些
問題：先前的判決應該被賦予多少判決先例的份量？聯邦
最高法院對於聯邦政府其他的部門及各州政府應該行使多
少權力？司法解釋應該採用什麼工具來詮釋憲法或成文法
條文？司法哲學──如果眞的是司法哲學，而非「政治」
或「社會」哲學──的內容不應該是賦予和平力量「爲了
保護無辜者不受犯罪者侵害所需要的法律工具。」「保守
的」司法哲學是尊重判決先例，同時無論有沒有更狹窄的
判決依據，都避免根據憲法的依據來裁決案件。最重要的
是，秉持著保守司法哲學的法官，絕對不會利用法院來完成
他自己的哲學或社會方案──他是案件的判決者，而非訴訟
原因的辯護者（Alan M. Dershowitz, "Of Justices and 'Philoso-
phies,'" *New York Times*, Week in Review, Oct. 24, 1971)。

胎、宗教、種族——裡做出某種的判決結果，那許
多法官就會盡可能達到這些結果。有些法官會讓任
命的人失望，有些就會決定完完全全根據他們受到
的「指令」來做出判決結果。

在處理這幾種案子的時候，律師務必要瞭解企
圖心旺盛的法官背後有哪些個人動機。如果忽略了
這些外部因素對法官的判決所產生的重大影響，那
未免太過天真，而律師賺錢靠的是經驗，而不是天
真。不同的律師會用很不一樣的方式來處理這些現
實的狀況。沒幾個人會直接挑戰這個問題，因為這
無異於指控法官違反了他們的法官誓詞。

我不喜歡在聯邦最高法院進行辯論，因為等到
你起身辯論的時候，這幾位大法官多半已經做好了
決定。在他們決定受理一個案子的時候——他們受
理的案件少之又少——多半已經知道會有什麼結果
了。不管律師說些什麼，或提出什麼書面文件，都
不能讓他們改變主意，在面對重大的意識形態爭議

時更是如此，例如墮胎、死刑、宗教和種族。湯瑪斯大法官或許已經在誓言的約束下，發誓他從來沒有討論過墮胎的合憲性，以示他在這個議題上沒有任何偏見，但我沒有遇到幾個人是相信他的。當第一件重大墮胎案送到聯邦最高法院時，我們幾乎可以斷定他早就有了定見。就像傑佛瑞・圖賓（Jeffrey Toobin）在〈克萊倫斯・湯瑪斯的負擔〉（ "The Burden of Clarence Thomas" *New Yorker*, Sept. 27, 1993, p. 47）一文中所言：

由於這是他這一代的聯邦最高法院最著名的案件，這種說法在當時引起了普遍的懷疑論。無論如何，看來湯瑪斯在走進聯邦最高法院之前，就已經對羅案（Roe）的命運有了定見；甚至沒有和他的法官助理討論過這個議題，就決定這個案子應該被推翻。「討論凱西案（Casey）根本沒有意義，」消息人士表示。「他會做出什麼決定，根本無庸置

疑。連討論都不必討論。」湯瑪斯連署了史卡利亞
所主筆的不同意見書，敦促應該推翻羅案。

因此，卡蘭教授最後是這麼說的，「在羅案
上，我想他是發了假誓」（*Savage*, "In the Matter of
Justice," *Los Angeles Times*, Oct. 9, 1994）。

即使是死刑案件，多數的法官也傳達出一個強
而有力的訊息，亦即任何訴狀或論證都不可能讓他
們改變心意。在兩個准予核發裁量上訴受理令狀的
案件當中──只需要四票就可以調閱全部的辯論和
卷宗──五位反對核發受理令狀的法官，投票反對
延緩死刑的執行。[2]即使人命關天，這幾位大法官
還是不願意秉持著充分開放的心胸，連讓一位大法
官被辯護律師團的訴狀或辯論說服的可能性，也絲
毫不允許。在一群封閉心胸的機器人面前進行辯

2　Dershowitz, *Supreme Injustice* (New York: Oxford University
　　Press, 2001), pp. 47–48, 221–223引述了這些案件。

論，根本沒有絲毫專業或個人的滿足感可言。有一位律師就說，「就像是和一具吞了你的錢之後不把可樂吐給你的販賣機辯論。」

在民事案件中，法官除了看到正義得以伸張以外，沒有任何可能的利害關係或利益，這時候律師的技巧高低就差很多了。案情事實和法律還是比技巧重要，不過一位傑出的律師有可能贏得一宗勝算很低的訴訟，就算是勝算很高，也可能栽在差勁的律師手裡。要成為一名成功的辯護律師，有一個關鍵是一開始就要弄清楚不同類型的案件之間有什麼差異，再根據這個差異來規劃你的戰略。

第二十四封信
在聯邦最高法院辯論

　　幾年前我在美國聯邦最高法院辯論過的一件涉及兩位死刑被告的案件，或許有助於釐清問題，說明在已經打定主意的法官面前辯論，到底是怎麼回事。這次的經驗讓我相信——或許比我律師生涯中其他任何一次的經驗更使我深信不疑——死刑的執行有多麼不公平。

　　我的當事人是兩個年輕人。他們「劫獄」把父親救出來的時候，一個18歲，一個是19歲。這兩個孩子深信父親是個好人，因為冤屈而入獄坐牢。整個計畫的設計，就是要確保不會有任何人受傷。同時他們逃獄的時候也沒有傷害任何人。

　　接著他們逃亡用的車爆胎了，爸爸叫兩個兒子揮手攔下一輛車。停下來的這輛車裡坐著一家大小：父親、母親、小孩、外甥、甚至還有一條狗。在槍口下換了車以後，這個爸爸派兩個兒子去給這家人弄點水喝。不過這是他的詭計。兩個孩子離開去張羅水，他們的父親就趁這個時候把這一家大小

都殺了。

這個爸爸逃走以後沒多久,就被人發現死在亞歷桑納州的沙漠裡。兩個孩子終於被逮捕,並且因為謀殺這一家人而被定罪,即使他們沒有開任何一槍,也無意殺害任何人。就因為他們和父親共同計畫劫獄,所以必須為他所犯的罪負責。這兩個孩子被判處死刑。

在替他們上訴的許多年裡,我慢慢瞭解了這兩個孩子。他們都是好孩子。在發生這件事情之前或出事以後,他們都沒有惹過什麼麻煩。也沒有傷害任何人。父親殘暴的殺人行為,把他們嚇得整個人都崩潰了,但又沒有能力阻止他的暴行。

這個案子很耐人尋味,所牽涉的法律爭點複雜而微妙。我在進行辯論的時候,幾位大法官顯然也對這些爭點很有興趣,但看樣子多半心意已決。

我花了很多時間,設法預測每一位大法官會問哪些問題,再準備適合的答案。但如果我剛好有幾

個問題沒想到呢？如果我犯了「錯誤」呢？萬一我的臨場反應不夠快怎麼辦？萬一是我這位辯護律師的失誤，害得兩個年輕人被處決呢？

我們馬上能想到的答案是，死刑的執行不是律師**造成**的——是罪犯自己因為他們所犯的罪，才會遭到判刑。不過這種說法太過簡單，只能表達出一半的事實。它沒有說明的是，20年來，在所有被判處死刑的人裡面，真正被行刑的連百分之一都不到。我國的監獄——「活」死囚室——住滿了成千上萬如假包換的殺人兇手，他們是蓄意殺人，而且沒有被處以死刑。

而我辯護的這兩個孩子被判處死刑，不完全是因為他們的罪行，而是和兩人的罪行無關的外部因素使然。首先，他們拒絕接受認罪協商，否則就必須作證指控他們的母親；其次，他們爸爸的罪行受到太多矚目；最後，做出這個判決的，是一個死刑法令特別嚴苛的州裡面一位特別嚴厲的法官。而在

其他的案子裡，受害者和被告的種族（本案的死者
和被告都是白人），還有審判時訴訟代理人的品
質，才是決定性的因素。

在爲這個案子辯論以前──從知識份子的角度
──我早就知道，在一椿死刑案裡，許多隨機的因
素都代表著生與死的差異。可是等到眞的站在大法
官面前，設法回答他們的問題時，我才眞正體驗到
像電擊一樣的情緒衝擊。有一位大法官（史卡利
亞）問我，如果一名持械搶劫的歹徒「把槍扔給」
他的同夥，接著開槍殺死了前來追捕的警察，那處
決這名歹徒是否合憲。這個問題問得很聰明，如果
是在一個學術性的場合，我很樂意來一場長達幾個
小時的辯論。但這不是一個學術性的問題，我的回
答攸關生死。如果我回答說不，接下來的論證就毫
無意義，如果我回答說是，無異是承認了一個原
則，讓大法官就可以進一步應用在我的案子上。

我試圖規避這個問題，指出我當事人的案子是

不一樣的，因為他們是想保住那一家人的性命，才去給他們弄水喝，而那個持械搶劫的歹徒是想協助他的同夥槍殺警察。不過大法官堅持我必須直接回答他的問題。我到今天還弄不清楚我當時的答案——在扔槍的假設裡面，不可以把那名同夥處決——到底是幫助還是傷害了我的當事人。（我懷疑會有什麼差異。）不過有一件事我是很肯定的，如果要根據律師對一個假設性問題所提出的答案回答得聰明與否，來決定生死交關的爭點，像這樣的體制稱不上是什麼正義的體制。

不管支持或是反對死刑，一個被定罪的殺人犯到底是死是活，最後可能不是取決於他個人的罪過，而是看律師的技巧高低、受害者的種族、被告進行認罪協商的意願、法官對死刑的支持以及其他的外部因素，這是一個不容置疑的事實，我相信每個理性的人知道這一點，都會駭然失色。

聯邦最高法院最後還是以5比4做出了對我兩位

當事人不利的判決，不過大法官把這個案子發還亞
歷桑納州的法院更審，而我們也終於說服州法官撤
銷了死刑的判決。在我的經驗裡，相較於聯邦最高
法院，表現優秀的律師在下級法院更能夠力挽狂
瀾。

第二十五封信
你的當事人是誰？

聖經告誡大家不要侍奉兩個主人。專業倫理也有這樣的規則。雖然當事人不是你的主人，事實上，只要你擔任他或她的訴訟代理人，就絕對不能同時侍奉其他人。只要你是一個為當事人服務的律師，就沒有所謂的自由派或保守派、黑人或白人、男性或女性、猶太教或基督徒。你唯一的角色，就是為當事人正當的最佳利益服務。

在處理前一章所談到的死刑案時，我就面對了長期信仰的意識形態和專業義務之間的衝突。我們在亞歷桑納州最高法院第一次上訴失敗了以後，就決定在聯邦最高法院申請再審。每一位專家都警告我們這樣一定會敗訴。他們數一數人頭，就知道聯邦最高法院最近一次的人事更迭，已經清楚地顯示保守派的大法官想找個像這樣的案件，來撤銷或限制先前禁止把非兇手（nontriggerman）處死的判決——而所謂的非兇手，就是本身沒有殺人，或是無意致人於死地的共謀者。我也會數人頭，也知道我

們上訴的機會是微乎其微。但我同時也知道,我們可能在聯邦最高法院敗訴所得到的判決,有機會讓我們開啓在亞歷桑納州法院進一步進行訴訟的種種可能。

這也因此讓我面臨一個極爲敏感的衝突,一邊是在當時的法律規定下不能被處決的幾十個非兇手,另一邊則是我自己當事人的最佳利益,他們被判了死刑,要是沒有上級審的司法介入(judicial intervention),就一定會被處決。反對死刑的團體極力敦促我們不要把這個案子送到聯邦最高法院。但我無論如何不能屈服於這種壓力。身爲兩位當事人的辯護律師,我必須戴上馬頭上的那種眼罩,只能向前看,而不會左顧右盼。我沒辦法妥善照顧**其他**死囚的利益,或是我本身長期參與的反對死刑運動。爲了我的當事人,明知會傷害我長期的奮鬥目標,也必須做出一個讓我非常痛苦的戰術性法律決定,但我沒有選擇。這兩個年輕人的生命,完全掌

握在我一個人的手中。我是他們的辯護律師。有很多人在爲反對死刑的目標和其他的死囚辯護。但瑞克和雷蒙·泰森只能倚靠我（和我的同事）。

　　結果就和我們的預測一模一樣。聯邦最高法院用我們的案子推翻了過去限制死刑的判決先例。其他好幾個本來很可能逃過一劫的死囚遭到處決。但瑞克和雷蒙·泰森終於逃過一劫。聯邦最高法院以多數決裁定把他們的案件發還亞歷桑納州法院，做進一步的事實認定，我們也能夠利用這次發回更審，撤銷兩人的死刑。即使在得知瑞克和雷蒙·泰森不會被處決的時候，我也沒有大肆慶祝，因爲我知道我們在瑞克和雷蒙·泰森案中所做的決定，多少會害得其他人被處決。

　　當律師對當事人的專業義務，和他在意識形態上對某一個目標的支持有所衝突的時候，常常不得不做出上述種種棘手的零和式決定。

第二十六封信
敗 訴

　　你剛輸了第一件大案子。你整個人都崩潰了。你工作得那麼辛苦。當事人倚賴你，你的論證鏗鏘有力，但法院還是做出對你不利的判決。你必須要問自己的第一個問題是：輸的是你，還是你的當事人？我說這句話，不帶有名律師愛德華・威廉斯（Edward Bennett Williams）那種犬儒的味道，據說他在某一件案子敗訴以後，那位敗訴當事人問他，「現在我們該往哪裡走？」威廉斯回答說，「什麼叫做『我們』？我回我舒舒服服的辦公室，而你要去坐牢。」我是用比較不一樣的角度來問這個問題。有時候律師會把當事人勝算很高的案子給弄砸了。但大多數優秀的律師之所以敗訴，是因為這些案子本來就輸定了。案情事實對他們不利，法律對他們不利。他們的當事人本來就會敗訴。哦，當然啦，偶爾也會有一個律師能在險中取勝，讓原本輸定了的案子峰迴路轉。同樣的，偶爾也會有一個律師活生生讓煮熟的鴨子飛了，明明贏定了的案

子也弄得敗訴收場，不過大部分的律師都只能順勢
而為，沒辦法力挽狂瀾。因此，如果你當律師唯一
的目標就是勝訴，其實也不難；只要挑穩贏不輸的
案子來打就好了。不過贏得訴訟不是唯一的目標。
這就好像醫生只想得到完美的結果，不要任何病人
死在他手上。當醫腳的大夫或整形醫生，當然是輕
而易舉。醫腳丫子和矯正鼻子的醫生，很少遇到什
麼傷亡。腦外科和心臟外科醫生的病人就會死亡。
不過拯救性命的也正是腦外科和心臟外科的醫生。
律師也一樣。如果接最棘手的案子來打，那律師敗
訴的頻率也最高。不過他們偶爾也能打贏最棘手的
案子。這就是當辯護律師過癮的地方。

第二十七封信
不要低估你的對手

我有個朋友是靠玩撲克牌念完法學院的。她是個來自阿拉巴馬州鄉下的美女，留著一頭長長的金髮，還有一口勞工階級的南方口音。她的一貫手法是讓對手陷入刻板印象中——愚蠢、南方出身、金髮美女、玩撲克牌當然是菜鳥。她的對手低估了她，也讓她得到了贏牌所需的競爭優勢。

在評估和你打官司的對手時，一定要記得這個小故事。絕不要低估他們。一定要假設他們至少跟你一樣聰明。用他們的方式來思考。進入他們的腦子、他們的心靈和皮膚。對方如果是厲害角色，也會用同樣的方法來研究你。

記住，他們認為自己是站在這件案子正確的一方，你也一樣。律師把自己的立場合理化的能力，是永無止境的。辯護律師往往會發展出我所謂的DLBS——辯護律師的盲點（defense lawyer's blind spot）。對於能證明當事人有罪的證據，即使已經近在眼前，照樣視而不見。他們必須相信自己的當

事人是無辜的，才能熱心地替他們辯護。檢察官則發展出另外一種盲點，這我在下一章會提出說明。

在沒有確切的證據之前，不要低估對方律師的智力、動機和正義感。過度準備總比準備不足要好。

第二十八封信
檢察官的盲點

檢察官是這個年代的英雄。這些英雄往往會經由選舉而更上一層樓。在許多公民的心目中，他們不可能做錯事——只要把壞人關進大牢。不過檢察部門也有比較黑暗的一面。許多正派而誠實的檢察官，為了把他們認定有罪的人繩之以法，幾乎是無所不用其極——而且還會得到讚美。

在這個時代，司法對我國刑事司法制度的監督日益減少。更是非得強制檢察官遵守嚴格的公平、平等、和倫理的標準不可。我國的司法制度在理論上雖然是屬於當事人進行主義性質，但檢察官其實是最重要的司法仲裁者之一。檢方所做的決定，享有實質上不受審查的裁量自由——調查、豁免、認罪協商、資源分配等等——對檢察官賦予了準司法的責任。

然而檢察官的不當行為卻十分猖獗。即使只看媒體報導的案件，這些未經證實的不當行為，數量之龐大，種類之繁多，已經讓人瞠目結舌。但在不

當行為的實例中，這些媒體所報導的案子只占了很小的百分比，因為許多辯方律師對於他們法律界的兄弟姊妹做出的惡行，多半都視而不見。「幹嘛要給自己的同行找麻煩？」大家動不動就把這句話搬出來，只要聽到兩、三個字，就知道這句話又來了。律師——就算是最賣力的辯方律師——多半也會把同業的利益看得比當事人的利益還重要。如果看到檢方肆無忌憚的不當行為還保持沈默，許多律師合理化的方式，就是說服自己說他們之所以「討好檢察官」，是為了未來當事人的利益著想。或許真是如此，但律師之所以不揭發的真正原因，其實是顧慮到律師自己未來的利益，而不是當事人的利益。再說，在代表某一位當事人的時候，律師應該服務的是這一位當事人的正當利益，而不是某個他希望爭取的假設性未來當事人。

這個問題可能會日益嚴重。既然聯邦最高法院開始把紅燈改成黃燈，甚至改成綠燈，就比較不容

易阻止檢察官──有些人可能說是鼓勵檢察官──採取「只要目的正當，可以不擇手段」的作法。近來聯邦最高法院在證據排除法則這個領域上的意見書，都具有成本－效益之憲法分析的色彩，檢察官也會採取個人的成本－效益之憲法分析。如果聯邦最高法院老是認為嚴格遵守人權法案所帶來的效益，比不上付出的成本，就不難猜測大多數的檢察官在這份憲法計算上會得出什麼數字。

在全面爭取維持人權法案的運動裡，積極的辯方律師──準備和檢方的不當行為對抗──所扮演的角色越來越重要。如果要辯方律師發揮這個功能，就必須讓他們相信，對抗檢方的不當行為，不只是為了憲法的利益，也可能是為了當事人的利益著想。辯方律師的手上必須有工具，把檢方的不當行為轉化為有利於當事人的判決結果。

對抗不當行為的一個重要工具，就是清楚瞭解邪惡背後的動機、原因和理由。然而檢察官**為什麼**

要做出不當行為，幾乎沒有什麼人在這方面著墨。
大多數的檢察官——即使已經到了違法亂紀的地步
——為人都是很正派的。我自己的學生有不少當上
了檢察官。他們不認為自己是用陰謀詭計把無辜的
人定罪。反而相信自己是秉公處理。

　　這方面當然還是有極少數的例外。偶爾我們也
會聽說那一個真是喪行敗德的檢察官，為了提高自
己的名聲或服務其他的政治利益，把無辜的人定罪
也在所不惜。

　　但我相信絕大多數的檢察官之所以從事那種典
型的不當行為——讓警方的證人說謊、隱瞞對被告
有利的證據、利用陪審團的恐懼心理——是出於他
們心目中最高貴的動機：必須把有罪的人繩之以
法，並減低犯罪對社會的危害。聯邦最高法院在證
據排除法則方面，強調的是成本—效益、以及顯然
「對於判決結果並無影響之錯誤」（harmless error）
的說法，檢察官正可以藉此為他們「只要目的正

當,可以不擇手段」的態度取得正當性。

會讓檢方做出不當行為的,絕大多數都是被告有罪的案子。背後的原因再清楚不過了:刑案的被告絕大多數都是有罪的。檢方的不當行為,大多是針對有罪的被告,如果我這個觀察是正確的,那大多數的檢察官不會把自己的不當行為看成是妨礙「尋找真相」。事實上,他們還認為自己的行為是經過仔細的計算,目的是促成一個真正的判決:讓有罪的被告得到法律制裁。反而是辯方律師——設法讓有罪的當事人無罪釋放的傢伙——在阻礙真相的追查。

在一樁刑事案件當中,「真相」當然分成很多層次。最後的真相就是被告有罪或無罪——通常都是有罪。另外一層「真相」就是檢方的實質證人(substantive witness)的可信度。即使是這一層的真相,往往也要再分成好幾個部分。第一個問題是證人對於被告有沒有做出被指控的罪狀,有沒有說

出大致的真相。檢察官幾乎必然會設法確保這第一層的證人真相（witness-truth）被透露出來。不過他們往往會漏掉第二層的證人真相。也就是控方證人是否百分之百清楚地交代了自己的背景和總體的可信度。

　　檢察官若是相信他們的證人說出了被告犯罪的真相，往往會擔心關於證人背景如何的真相一旦完全浮現，陪審團就會在一個聰明的辯方律師哄騙之下，開始懷疑起他對於犯罪行為所做的真實證詞。當然，辯方律師如果知道控方證人所言屬實，他們的當事人確實犯了罪，就會設法說服陪審團，表示既然證人是個「卑劣之徒」，提出的證詞自然不足採信。

　　每一位有經驗的律師，都曾經參與過和下面這一段大同小異的對話：

　　辯方律師：「各位陪審員。你們都聽到檢方的

主要證人承認自己是個騙子、欺詐和說謊的人。那
又怎麼能夠相信他在法庭上所說的任何一句證
詞？」

　　檢察官（最後發言的人）：「我們當然都不想
跟我的證人這樣的人一起吃飯。但找他**合夥**的人又
不是我。而是被告。既然我們要起訴的是魔鬼，當
然不會去天堂找證人；得在地獄裡才找得到。可是
只因為證人沒有良好的背景，不代表他這次說的不
是實話。」

　　陪審團一般都會接受檢察官的論證。不過政府
有時候必須──不得不──仰賴這樣一個背景駭人
聽聞、可能被陪審團懷疑的證人──如果檢方對於
證人所有犯罪和撒謊的前科都心知肚明。這樣一
來，即使是立意良善的檢察官，可能也會禁不住迴
避事實，隱瞞證人過去不堪的背景。

　　檢察官之所以有意或無意地讓證人完全隱瞞本

身真實的背景，或許還可以找到其他的理由。

　我先描述一下我剛開始執業的時候，處理過的一個訴訟案件。（這個案子後來改編成暢銷書和電影《城市王子》（*Prince of the City*），而我的著作《最佳辯護》（*The Best De Fense*）則是用另外一個觀點來描述這個案子。）被告是一名刑事律師，為許多聯邦檢察官所不齒，認為他專門製造假的不在場證明。這位律師因為同意賄賂一名臥底警察套取情報而被起訴。對他最不利的證據，就是這名警察的證詞和幾卷錄音帶。這名警察在庭上把交易的內容供了出來。然後被問到自己的背景時，也承認以前在掃毒組曾經有三次犯罪的行為。我們後來發現事實根本不是這麼回事。他實際上已經有幾百次前科，包括作偽證、販賣海洛因、湮滅證據和賄賂。事後回想，顯然有幾個檢察官一定早就懷疑他沒有把自己的犯罪背景和盤托出。（這位警察後來向我證實了。）可是這些德高望重的檢察官，卻沒有逼

169

他說實話，或是進行獨立的調查。他們假裝沒看見，任由他撒謊——這些謊言和被告是否有罪無關，而是牽涉到他自己的背景。

檢方出現這一類的不當行為，我認為有兩個理由。第一個最傳統的理由，是擔心陪審團如果得知主要證人是一名重大罪犯，可能根本就不會把被告定罪。有一位陪審員就告訴我，「要是早知道〔那個警察〕過去犯罪真相，也知道他前科累累，而且沒說實話，我根本不會相信他的證詞，也不會投票把被告定罪。」[1]

第二個理由是檢察官擔心他們的證人如果必須公開承認自己——和他的警察同僚——是如此腐敗不堪，根本就會拒絕作證。

最後，不當行為還會獲得獎賞。被告被定罪；經過一次又一次的上訴之後，還是維持原判，理由

1　A Dershowitz, *The Best Defense* (Random House, 1982), p. 371.

是就算有任何不當的行為,也只是「對於判決結果並無影響之錯誤」;說謊的警察從來不曾因為作偽證而被起訴;讓他作偽證的檢察官還因為這些行為獲得升遷和眾人的讚揚。

像這種丟人現眼的事情——全國各地比比皆是——向年輕的檢察官傳達了三方面的訊息:(1)如果必須靠不當行為才能將有罪的被告繩之以法,那就放手去做吧;(2)千萬不要被發現,否則可能會把事情複雜化;(3)不過一旦東窗事發,法院一定會放你一馬,若非對不當行為視而不見,就是引用「對於判決結果並無影響之錯誤」的規則。

到底什麼**叫做**「對於判決結果並無影響之錯誤」的規則呢?這基本上是一種司法上的默許,對於明顯有罪的被告,不管耍了什麼手段,幾乎都會受到寬容。既然被告顯然是有罪的,基本上檢察官任何的不當行為,都不會使應該受到法律制裁的被告獲得無罪釋放。

171

　　對於「真相的追尋」，上面這種說法可以帶給我們什麼教訓呢？這些教訓是非常混亂的。檢察官會辯稱真相終於大白，他們這麼說可能是對的。檢察官認為明顯有罪的被告被繩之以法並入獄服刑。辯方律師會說真相已經斲喪。他們的話可能也沒錯，因為陪審團一直不知道檢方的關鍵證人撒了彌天大謊，而他所隱瞞的真相，可能讓他在陪審團眼中的可信度大打折扣。因此，針對不同的層次，我們既可以說真相已經大白了，也可以說真相沒有大白。

　　一件刑事案件還有其他層次的真相。例如證據排除法則，一旦警方是以違憲的方式取得證據，根據該項法則，真實的犯罪證據可能無法呈上刑事法庭。在大多數涉及這項法則的案子裡，最後的「真相」都是被告確實有罪。在「真相」的另一個層次上，從被告身上取得的身體證據(physical evidence)可以證明確實是真的。不過到了第三個層次，在許

多這一類的刑事案件當中，警方並沒有坦白交代證據取得當時的情況。

　　想想下面這個典型的案例。有個人常常在一所高中附近溜達，警方懷疑他向學生販賣海洛因。他們沒有合理的理由，但敏銳的直覺告訴他們，這傢伙是個大毒販。他們上前抓人。一名警察伸手到嫌犯的口袋裡，搜出一批海洛因，裝在賣給青少年的那種半透明玻璃紙小封套裡。人已經逮到了；現在得設法讓案子成立。警察相信他們有義務保護中學生不受海洛因毒害，更甚於保障毒販不會被非法搜索，便運用了一個我們常見的「善意的謊言」；告訴檢察官說，是毒販看到警察上前的時候，把毒品丟在地上。檢察官早就聽過這種說詞。這一套在法律界耳熟能詳，甚至還有一個專有名詞：「丟棄證詞」。他懷疑搜查當時的情況，和警察描述的不完全一樣，但不能百分之百確定。畢竟真的有些毒販在快要被逮捕的時候，會試圖把毒品丟掉。這位檢

察官該怎麼辦？他應該相信自己的懷疑，還是遵守他對警察的忠誠？

　　許多檢察官都會允許警察在宣誓下撒謊，也相信在警察和毒販一對一（或二對一）的發誓比賽中，事實審法官一定會相信警察說的話。[2]

　　檢察官也知道在決定證據應否排除的審前程序（suppression hearing）中，被告可能站出來作證，

2　這是一位法官——當時還是一位執業律師——描述他看到這樣一份證詞的時候，所面對的困境：「如果這是第一次有警察作證說被告把一包毒品丟在地上，那就沒什麼了不起。令人咋舌的是在我國的刑事法庭，每年都有幾百、甚至幾千宗案子，是警察做出這樣的證詞——簡單地說，這就是『丟棄』證詞的問題。我現在覺得不對勁，我還在當律師的時候就覺得不對勁了……我們拒絕面對丟棄證詞的問題，讓司法的執行蒙上了污點。我們很想立刻禁止讓『丟棄』證據呈上法庭，藉此來處理這個問題；可是我辦不到。理智和既有的法律規則告訴我不可以這麼做，再說法官的職務是確保手段的完整無誤，而不是讓目的變得更加誘惑。」Irving Younger，引述於Goldstein, Dershowitz and Schwartz, *Criminal Law: Theory and Practice* (New York: Free Press, 1974), pp. 484–485。

並且撒下彌天大謊。他可能宣稱是警察威脅他，警察根本不是在學校附近把他攔下來的，也可能說警察栽贓嫁禍，把毒品放在他身上。

按照這個邏輯，檢察官遲早可能會這麼想：「辯方律師明知道他的當事人會撒謊，還是毫不猶豫地讓他出庭作證。我幹嘛非要強求自己遵守更高的標準？尤其是大家反正都知道這混小子是有罪的。如果我明知道警察是在撒謊，當然絕對不會蓄意叫人作偽證。但我只是懷疑而已。所以還是要相信警察的證詞。」

如果知道辯方律師——他在當事人進行主義過程裡的對手——可以百分之百自由地做出類似的行為，這時候檢察官要把自己從事可議行為的作法合理化，就容易得多了。這就是——依照我的看法——檢察官**之所以**做出不當行為的關鍵。他們常常想不通辯方律師為什麼能夠毫無顧忌地做那些他們絕對不能做的事。

從一個比較微妙、但同樣很重要的層次上來
看，檢察官常常沒注意到自己越來越接近那條界
線，因為辯護律師經常任意跨越這一條相同或是類
似的界線。我在下一章會說明，這並不是一個好的
藉口。

第二十九封信
檢察官和辯方律師的差異

　　檢察官常常不瞭解，他們的確在倫理上的義務和辯方律師完全不一樣。在客觀性義務（disclosure obligation，譯按：檢察官對於被告有利或不利者皆須注意，而非只專任攻擊者的角色，參見刑事訴訟法第二條）這個複雜的領域上，兩者之間更是不同。除了極少數的幾個例外，辯方律師通常沒有義務把足以使被告入罪的資訊透露給檢察官。也沒有義務透露任何可能降低控方證人的可信度的資訊。[1]另一方面，凡是可能有助於辯方證明清白、減低刑期、或是對控方證人進行交叉詰問的證據，檢察官都有義務透露。一件資訊對辯方究竟有沒有幫助，是一個棘手而多半主觀的判斷，在做這個判斷的時候，許多檢察官是化解了他們對不透露訊息的疑慮。而辯方不必承擔互換資訊的義務，讓許多檢察官都認為不公平，就用對抗主義的方式來回應這種

1　不過，辯方律師如果明知道辯方的證人會作偽證，就不能傳喚他們出庭作證。

不公平。當然，如果這些檢察官停下來思考他們爲
什麼有義務要披露相關資訊，而辯方律師卻不必這
麼做，那他們就會明白，這些理由完全符合了檢察
官和辯方律師在我國當事人進行主義的司法制度中
所扮演的不同角色。[2]可是一旦被告明顯有罪，而
辯方律師讓人感覺是在「玩遊戲」，檢辯雙方競爭
非常激烈的時候，我們很容易理解，一個誠實的檢
察官爲什麼會相信把對辯方有利的資料隱而不宣，
能夠**協助**眞相大白。尤其是這個資訊會被辯方律師
「誤用」，讓陪審團以爲說實話的證人可能是在撒
謊。

　　原本誠實的檢察官竟然會從事某些種類的不當
行爲，主要的一個原因可以總結成四個字：「辯方
律師」。既然辯方律師被允許——事實上甚至可能
是有義務——向界線挑戰，來爲當事人積極辯護，

2.　見*ABA Standards for Criminal Justice*, the Prosecution Function,
　　the Defense Function (2d ed., 1980)。

檢察官常常覺得他們當然可以超越應有的分際，向那條界線繼續靠近。

　　法院、學者、律師公會和媒體，務必要不斷提醒檢察官，他們必須遵守的那一套標準，和適用於辯方律師的標準截然不同。我們必須瞭解，美國刑事司法體制是一個修正的當事人進行主義制度：被告多半是有罪的，而辯方律師很像一個完全站在當事人那一邊的辯護者。他的工作——在當事人有罪的時候——是用一切合乎法律和倫理的手段，來防止「全部的真相」被揭發。他關注的不是一般大眾的「正義」，或是被害者的權利。他應該盡可能地替當事人爭取到最好的結果，最好能夠無罪釋放。[3]

---

3. 這不是一個臨時或激進的概念，下面是1920年一位英國的
　　出庭辯護律師所提出的問題，就反映出這一點：「根據他
　　對當事人應該負有的神聖責任，一個辯護律師在履行這項
　　職務的時候，他在這個世界上只認識一個人，就是他的當
　　事人。他最崇高也最沒有爭議的責任，就是運用一切適合
　　的手段來拯救當事人──無論對其他所有人和他自己造成多

　　另一方面，檢察官如果相信被告是無辜的，就不應該起訴。他的任務是確保——上述每一個不同層次的——真相大白。他不能採取辯方所適用的（如果未必每次都有效的）那種尖銳的戰術。如果相信證人說的是謊話，檢察官也絕對不可以讓他上證人席作證。他化解倫理上的爭議，應該是為了伸張正義，而不是以勝訴為目的。

　　簡單地說，檢察官應該用各種不同的方式，特別是提供被告有用的資訊，來幫助被告被無罪釋放；然而辯方律師極少（如果有的話）必須協助檢察官將被告定罪。

　　　　　　　　　　　　　　　　　　　　　　（續）

　　少傷害或損失，都要保護那位當事人；他絕對不能在乎他可能會給其他任何人帶來什麼驚嚇、痛苦、折磨和毀滅。不，連愛國者的責任都要和辯護律師的責任分開來，如果有必要的話，就把那些責任拋到九霄雲外，萬一不幸必須為了保護他的當事人而讓國家陷於混亂，他也必須不顧後果地勇往直前。」引述於A. Dershowitz, *The Best Defense*, pp. xv–xvi。

　　除非檢察官懂得——或是讓法官教會——他們光是和對手一樣「公平」是不夠的，否則檢方的不當行爲還是可能繼續發生。只要檢方的不當行爲持續下去，辯方律師爲了當事人的利益，不得不培養出防衛和攻擊的反制策略。當辯方律師爲一個有罪的當事人辯護時，對他們幫助最大的，可能就是行爲失當的檢察官。每一位辯方律師不但必須學會如何對抗檢方的不當行爲，也要懂得如何將其轉化爲當事人的利益。

　　這是某一些檢察官的行爲，說到這裡，容我補充一句話，世界上沒有幾個職務，比做一個誠實而眞正懷有正義感的檢察官更爲崇高。由於檢方的決定大多具有高度的裁量自由，像這樣的一位檢察官，要比辯方律師或法官更能夠對刑事司法制度產生重大影響。我告訴我的學生，如果他們眞的想改革我國的刑事司法制度，就應該當一名眞正關心正義的檢察官。從以前到現在，我都會邀請這樣的檢

察官到我的課堂上來，作為學生的模範。舉個例子，現在當了法官的特羅特（Stephen Trott），每年都會和我的學生談到當一名誠實而有效率的檢察官，要面對什麼樣的挑戰。在他大半的法律生涯中，一直都擔任這樣的一位檢察官。現在當上了聯邦上訴法院的法官，對於違法或採取尖銳手段的年輕檢察官也特別嚴厲。一個好的檢察官，堅持證據必須確實，警方和檢察官也必須遵守他們專業倫理上的義務，如此一來，檢察官可能比大多數的辯方律師更能有效地幫助清白的被告。正派的檢察官運用裁量自由，以適切的罪名來起訴被告，尋找出合理的判刑，對有罪的被告同樣也有幫助。但因為檢察官未必都很正派，我們就永遠需要熱心的辯方律師，來監督檢察官。

第三十封信

律師的道德
——和其他的矛盾修辭

《紐約時報》對我某一本小說的書評，包含下面這幾句「讚美」之詞：「和艾倫·德修茲的一場嬉鬧，《代言人的魔鬼》向讀者天花亂墜、常常是很生動地描繪出古今中外最誇張的矛盾修辭——法律倫理……」。雖然律師以沒有道德觀念——甚至不道德——而惡名昭彰，事實上，沒有任何一個行業比法律這一行更執著於道德和倫理。我們擬定專業守則、教授相關課程、要求審查、設置倫理委員會，這些標準一般都定得很高，不符合這些標準的人，還會被懲戒或吊銷執照——雖然懲罰的人還不夠。這不是要否認確實有許多律師是因爲貪圖利益或其他自私的原因，而違反了這些高標準。不過我們之所以對道德這麼執著，正是因爲法律從業人員的道德必須取決於情境和所扮演的角色。在擔任訴訟代理人的時候，我們必須要做自己在私生活裡絕不會做的事，以及其他人身爲一般公民絕不能做的事。

我們當然不能夠說謊或偸竊——事實上不說謊

和不偷竊，是我們的法律義務——但我們確實可以
把不可告人的秘密隱而不宣，儘管民眾會因爲得知
這件秘密而得益。我們同樣也可以主張明知在客觀
上不公正，主觀上卻對我們的當事人有好處的判決
結果。在這方面，只要目的正當，可以不擇手段，
只要手段本身並無不當。但是爲了達到一個不正義
的目的，什麼樣的手段叫做「適當」，或者說得更
精準一點，到底什麼才叫做「並無不當」的手段
呢？舉例來說，一個符合專業倫理的律師，能否交
叉詰問一個他明知道句句實言的敵性證人？法學院
最有名的一個假設題，是說一個近視眼的銀行出
納，指認出你的當事人就是搶銀行的劫匪。她在法
庭上戴著厚厚的眼鏡，但你的當事人已經向你透露
自己就是劫匪，而且還記得這名出納看到他的時
候，並沒有戴上眼鏡。你能不能問她需不需要戴眼
鏡？她在看見歹徒的時候是不是戴著眼鏡？如果她
坦誠相告，你在陪審團面前作結辯的時候，可不可

以辯稱說，陪審團不應該根據一個當時沒戴眼鏡又近視的女性目擊證人所做的指認——即使你知道她沒有認錯人——就把推定無罪的被告給定了罪？

你沒有說謊。你說的話句句屬實。但卻是在請求陪審團做出錯誤的判決結果。這些就是法學院學生和律師一直無法釋懷的假設。

這些不僅僅是假設而已。還經常發生在現實生活中。

我第一件真正出庭辯論的案子，就遇到遠比這個假設題還棘手的情況。這是一件無償服務的案子，我的當事人很年輕，是猶太防衛聯盟（Jewish Defense League）的成員，因為他製作的炸彈炸死了一名婦人而被起訴。當事人告訴我，有一位警察已經答應他，只要肯透露是誰把他做的炸彈布置在爆炸現場，他就不會受到起訴，也不會以證人的身份被傳喚出庭。我告訴他，我不相信警察會做出這種承諾，他表示「有錄音為證。」他早就把和這位

警察的許多次對話悄悄錄了下來。我要他把帶子放
出來聽聽，沒錯，這名警察確實有好幾次向我的當
事人保證，只要他提供猶太防衛聯盟其他犯罪行為
的相關資料，就不會起訴或傳喚他出庭作證。但是
他和該名警察就這一次犯罪行為的談話，卻沒有錄
音存證。他說關於其他犯罪行為的談話，是在他裝
了隱藏式錄音機的車子裡進行，但針對這一次犯罪
的相關談話，卻是在戶外發生，自然沒辦法錄音。
現有的錄音帶證實了他的說法，我也相信他的話，
但我很清楚，法官絕不會認為他的話比一個警察的
話還可靠。我必須設法讓這名警察親口承認，他對
這件案子也作了承諾。

　　要讓這名警察親口承認，唯一可能的策略，就
是讓他誤以為我們握有他針對這件案子向被告做出
承諾的錄音帶。我相信他確實做了這個承諾。我們
沒有錄音帶可以證明，但這個警察並不知道。因此
經過許多深入的思考，又徵詢過專家以後，我決定

進行以下三個步驟的交叉詰問。

第一步，我提出一連串的問題，問他有沒有向被告做出任何承諾，但沒有警告他說有任何錄音帶。他立刻就開始撒謊，不斷否認自己曾經做過錄音帶**所錄下**的那些承諾（和威脅）。

第二步，我問他，如果我複述某些對話，是否可能喚醒他的記憶，然後我就開始拿著一份好像是錄音帶謄寫本的東西，一句句地念。這真的是從錄音帶上謄寫下來的。現在他知道我的當事人有偷偷給他錄音，開始擔心自己已經落入了偽證罪的陷阱。先前的證詞也開始搖擺，然後承認他確實做過先前否認的某些承諾。現在真正請君入甕的時候到了。

第三步，我二話不說，馬上繼續念一段好像是從錄音帶謄寫下來的話。不過我這回念的，是這位警察對這件案子做出承諾的對話，按照當事人對我的說明謄寫下來。這一回沒有錄音帶為證，但我的用意是誤導這位警察，讓他以為有這捲錄音帶的存

在，才會把事實說出來。他後來確實說出了真相，承認他對這件案子也做出了同樣的承諾。

當法官得知這一回根本沒有錄音帶的時候，立刻大發雷霆：

法官　現在我想提醒你，律師，至少在這間法庭，我們認為律師不應該暗箭傷人……

德修茲律師　法官大人，我不認為哪裡有暗箭傷人。

法官　律師，那你我對於執行法律工作應有的層次，看法很不一樣……

德修茲律師　我不明白您的辯論，法官大人。

法官　別以為我是在跟你辯論，律師，我是表達本庭的意見。

德修茲律師　如果他在以為沒有錄音帶的情況下，做出了某一種證詞，認為有了錄音帶以後，又做出另外一番證詞，我不明白除了追求真相以外，

188

還達成了什麼目的。

法官 閣下認為你可以問那些其實是擷取自竊聽或錄音的問題，然後，舉個例子來說，捏造一個根本莫須有的小問題偷偷混進去……

德修茲律師 您說「根本莫須有」，意思是捏造的？

法官 是的。

德修茲律師 不，這種說法是不恰當的。如果您是問我，在證人以為有錄音帶為證的對談當中，問他一段我們相信發生過，但沒有錄音下來的談話，這種作法是否恰當，我可以再肯定不過地回答，是的。

法官 而用你在法庭裡的一舉一動、言談舉止和態度，暗示這段話是有錄音的？

德修茲律師 一點都沒錯，法官大人。

法官 那我們的看法真是南轅北轍。

德修茲律師 我想是的，法官大人。

法官 我認爲這種作法應該受到譴責。

德修茲先生 麻煩您說明一下……

法官 法官的工作不是回答問題。你明白吧，不是嗎？

德修茲先生 我不明白這有什麼不對。

法官 那我也無能爲力了。

幾天之後，我們帶著一份備忘錄回到法庭，說明向警察進行交叉詰問之技巧的適當性。其中引用了不少法律權威，來支持下面這個命題：「讓人以爲交叉詰問者握有比事實上更多、更少、或是不一樣的證據，早已被視爲有效交叉詰問的基本要素，尤其是面對說謊的證人。」這篇訴狀中引述了許多例證，很類似用來對付帕羅拉（Parola）的作法，也就是法律權威人士所認定的有效交叉詰問的「經典」範例。

我們甚至還發現，林肯在伊利諾州擔任訴訟律

師的時候，據說也用過跟我們差不多的策略。法蘭西斯‧威爾曼（Francis Wellman）在討論《交叉詰問的藝術》（*The Art of Cross-Examination*）那篇經典的學術論文中，提出了下面這個「交叉詰問的教學式範例」：一個叫葛瑞森的人被控犯了殺人罪，他母親聘請了年輕的林肯給兒子打官司。林肯問一名據稱是目擊證人的男子，他怎麼會看到兇手犯案。「有月光」，他回答。林肯接著就從口袋裡拿出一份年曆，說案發當晚根本沒有月亮。證人以為自己被這份年曆抓到了把柄，整個人馬上崩潰，承認自己才是兇手。威爾曼接著寫道，「直到今天，伊利諾州的巡迴法院的人還是常常謠傳說……林肯耍了個小伎倆……用一份舊的年曆取代了案發當年的年曆。」[1]

---

1 這個林肯的故事和其他的許多傳說一樣，多少是稗官野史。實際上的事實彷彿是這樣的：
林肯給證人看一份年曆，然後問他：

　　法官的態度終於緩和下來，把我叫進他的法官
辦公室，進行一次非正式的談話。

　　他臉上掛著長輩的笑容，向我保證他對我的交
叉詰問之所以這麼不高興，原因是我並非「道上一

―――――――――――――――――――（續）

　　問：年曆上是不是說，8月29日的月亮大概只有四分之一，
　　而不是滿月？

　　答：（沒有回答）

　　問：年曆上是不是說到了晚上11點，月亮就已經看不見
　　了？

　　答：（沒有回答）

被告獲得無罪釋放。這份年曆的年份大概是正確的（哈佛
大學圖書館也有這一份年曆），不過林肯在描述年曆的內
容時，多少有誤導之嫌：年曆上並沒有說當晚的月亮只有
四分之一大小，他這種描述的意思是月亮發光的部分幾乎
沒有超過四分之一。不過只要更仔細地審視這份年曆，就
會發現當晚月亮發光的部分超過了四分之三；已經幾乎是
滿月了。而且一直到證人發誓看見案發的時間過了七個小
時以後，月亮才消失的。（到哈佛大學的天文台走一趟就
知道了。）但證人被林肯上知天文、下知地理的誤導性演
出給弄得頭昏眼花，什麼都答不出來。林肯顯然沒有告知
法庭他這段說法其實意在誤導（如果他真的注意到這段話
是誤導的話，不過我懷疑這一點）。

般的律師」。「但你是哈佛的法學教授。教育法學院的學生。我必須用比較高的倫理標準來要求你。」

我向法官表示「如果我強迫自己遵守你所謂『比較高的倫理標準』，等於是強迫我的當事人接受比較低標準的辯護。這就違背了良好的法律和良好的倫理。我想繼續化解所有為了有利於我當事人而產生的倫理疑慮，並繼續教學生，如果他們擔任辯方律師，就是要這麼做。」

在剩下的聽證會裡，法官對我的態度，堪稱是法律界的楷模。

最後，上訴法院做出對我的當事人有利的判決，同時也破例稱讚我所做的交叉詰問，表示我「當仁不讓，然而又謙恭有禮地探索了複雜的事實和法律爭點，並且毫不懈怠地追求真相。」我的策略受到了肯定，但直到今天，我還是想不通，自己這麼做到底對不對。

我兒子賈曼曾經擔任法律扶助的律師，早年的

某一件案子，至今也一直困擾著他，不知道自己做的是對是錯。他的當事人被指控在一家「下班後」酒吧外面，扯下了另外一個人脖子上的金項鍊。受害者本身沒辦法指認犯案者，但是另外一個人把我兒子的當事人指認出來。我兒子調查發現，把他的當事人指認出來的，並非偶然出現在案發現場的陌生人。而是被害者的情人。我們照例必須對證人進行交叉詰問，問他有沒有可能是因為和被害者有親密關係而產生偏見。舉例來說，如果證人是一名女子，而且是被害人的妻子，或兩人有親密的關係，那就大可以——而且在法律上有義務要——質疑證人可能產生偏見。不過本案的證人不是女的。而是一個男人——和被害者一樣都是同性戀。我兒子擔心陪審團一旦得知被害者和證人都是同性戀，可能會降低對被害人的同情，也比較容易不相信證人。這件案子發生在十幾年前，當時的陪審團對同性戀的恐懼比現在更加普遍。

我跟賈曼說，他沒有任何選擇，只能像面對異性戀的被害者和證人一樣，盡全力對目擊證人進行交叉詰問。他自己也做出了相同的結論，而且非常不得已地照做了——直到今天，還一直深感不安。一個好的律師，面對這些法律倫理（要求律師必須為當事人——無論有罪或無罪——做出熱心的辯護）和個人道德（要求所有待人處事方面都必須正派和誠實）之間的衝突，永遠也無法釋懷。無論是上述或其他類型的衝突，都沒有完美的解決之道。一個有效的律師必須代表當事人，利用任何法律或律師的專業規則所容許的手段。但作為一個好人，如果做了任何不符合自己個人道德標準的事，就會永遠感到不安。辯論、淬煉和重訪的過程，仍然持續不斷地進行。

如果你是個正派又喜歡想東想西的人，對於一個有效而符合專業倫理的律師不得不採用的策略，永遠不會百分之百地心安理得。

第三十一封信

懂得何時開戰——何時投降

一個熱心的律師，最難做到的一件事就是投降，特別是在你相信錯在對方的時候。不過，知道什麼時候提出戰術性的投降，也是辯護技巧中很重要的一部分。別讓你的自我——或是你最後的是非觀念——促使你為當事人做出錯誤的決定。

有時候顯然是非投降不可。舉例而言，如果你代表的被告已經被拒絕交保，審判排在六個月以後，而檢察官表示刑期可以商量，就算你相信自己的當事人可能是無辜的，恐怕還是應該建議他接受協商。如果他接受審判之後被判有罪，可能還要多坐五年牢。如果認罪協商不會造成附帶的後果，例如丟了差事，或是輸了民事訴訟，那連想都不用想，應該馬上接受。我國的法律制度讓很多人根本不想接受審判——這是行使一項重要的憲法權利——確實很糟糕。作為一個普通的公民，應該設法改變現狀。但身為一名律師，當事人還關在牢裡，你只能為當事人爭取最大的利益，如果承認有罪可以

帶給他最大的利益，你就應該建議他接受協商——
不管你的自我想怎麼做。

　　前總統柯林頓所牽涉的案子就是一個最好的例
子，那位傑出的律師，竟然沒有遵守這項原則。他
認為寶拉‧瓊斯（Paula Jones）對他提出的控告沒
有法律上的依據。等雙方談判破裂，柯林頓終於不
得不對他的性生活提出廣泛的審前證詞。這次作證
到頭來害得柯林頓被彈劾，而且還被吊銷執照。如
果他在寶拉‧瓊斯一案中因為一造缺席判決（de-
fault）而敗訴，後來就不必提出審前證詞了。然而
他的律師勞勃‧班耐特（Robert Bennet）根本沒有
建議他這麼做。因為缺席判決而敗訴，等於「輸掉
了」班耐特律師生涯中最重要、曝光率也最高的案
子。結果他「打贏了」那件案子（至少剛開始是勝
訴的——柯林頓付出的金錢，比缺席判決而敗訴花
的錢還多）。不過這一次的勝訴差點丟了他的總統
大位、律師執照、甚至是他的自由。

197

如果敗訴對當事人造成的損害比勝訴還少，要
學會如何投降。

第三十二封信
面對批評

現在你已經是一位功成名就的大律師了。日進斗金。客戶源源不絕。形象也非常好。前途一片光明。突然之間，地方報決定刊登一篇對你大肆批判的人物側寫。他們基本的事實都說對了，卻做出所有一切對你不利的負面推論。凡是不認識你的人，看了這篇文章，都會認為你是個十惡不赦的傢伙。你的親友個個忿忿不平，因為文中的負面描述，讓他們根本認不出那就是你。歡迎你來到名律師的真實世界。

面對公開的批評，你應該如何回應呢？特別是那些針對你個人進行人身攻擊的批評？你應該在乎嗎？應該有所回應嗎？還是應該一笑置之？不管你受過多少次的批評，總是會不舒服——至少有這麼一點點。遇到人身攻擊的時候，每個人的臉皮都很薄。不過多年以來，我自己的皮厚了一點——也許是長年來許許多多的攻擊，讓我長了不少雞眼——我想我已經學會了如何面對工作所帶來的公開批

評。至少這法子對我很有效。

　　第一條守則，就是要把認識你的人和陌生人所做的批評區分開來。我非常重視朋友、同事、家人、和我所關心的人所提出的批評。我很幸運能有這樣的朋友和家人，儘管不同意我的看法，或是對我所做的事不以為然，但都很願意坦誠相告。這些人跟我很熟，不但瞭解我，也在乎我。他們的批評都是鏗鏘有力的。話說回來，陌生人對我一無所知。可能看過我上電視，但就像我太太常常對我說的，「電視上的人不是你；而是『那個牙尖嘴利的德修茲』。」

　　第二條守則是，絕對不要把陌生人**公開**的讚美當一回事。如果你不打算嚴肅看待陌生人的批評，那對陌生人公開的讚美，就不能有雙重標準。我認識不少人把陌生人公開的讚美看得像命一樣重要，一旦受到公開的批評，整個人就崩潰了。最近我有個朋友製作的一部電影，被影評寫得非常糟糕。這

個影評人他連聽都沒聽過，卻弄得他整天垂頭喪氣。我問他如果街上有一個陌生人走過來，說不喜歡那部電影，他又會作何感想。他說對於這樣的批評，他會置之不理。影評人所做的批評之所以比較傷人，是因為影評還有廣泛的讀者。但是就他自己的情感而言，應該沒有多大的差別才是。但我提醒他，如果他要採取這種態度，那對陌生人的肯定也要視而不見。魚與熊掌是不能兼得的。

這種對稱的態度——對公開的批評和讚美都一視同仁——在律師所代表的當事人具有爭議性的時候，尤其非常重要。如果你的當事人受愛戴，大家就會喜歡你，如果當事人讓民眾深惡痛絕，也會移情在你身上。辛普森案過了沒多久，街上有一名猶太婦女走到我面前來，說以前我替安那托利·夏蘭斯基（Anatoly Sharansky，蘇聯異議份子）和強納生·波拉德（Jonathan Pollard，替以色列當間諜的美籍猶太人）辯護的時候，她對我非常欣賞，但自

從我同意擔任辛普森的律師以後，她對我的尊敬也蕩然無存了。我對她說，她因為我的當事人而喜歡或討厭我，都是不對的。就在同一天，又有一位非裔美籍人士，因為我擔任辛普森的律師而對我大表激賞。「不要喜歡我，因為等明天我為了某一個你看不起的種族主義者辯護，你就會對我恨之入骨。」

　　重要的是，不要把陌生人變幻無常的評論或評價，看得像命一樣重要。這不表示你應該對這些評價視而不見。我當然不會這樣。只要發覺有人對我做出了錯誤的陳述，我就會去函更正，否則的話，這些說法就會一再重複，成為一種公開的紀錄（特別是用電腦做研究的時候）。但我盡量不讓公開的評論對我個人造成影響——當然啦，除非這種批評的理據非常充分。

第三部分
做一個好人

第三十三封信

好律師也可以作個好人嗎？

如果有人問我「律師受到的詆毀是太過還是不及？」我的標準答案是「沒錯。」有些律師無私而忘我地爲了被褫奪公權的人辯護，明明應該得到讚美，卻受到了不公平的詆毀。有些律師則爲了自己的利益而協助那些以剝削爲手段的強權派，明明應該受到詆毀，卻反而得到了不公平的尊崇。

我們其他大多數的人，因爲顧客和業務是參差不齊的，本來就應該毀譽參半，也會得到一些善意的忽略。重點在於社會對律師的攻擊，絕大多數都找錯了理由。

每次我上電視的談話性節目，都有人因爲我替有罪的當事人辯護而提出批評。「幫一個你明知道有罪的人恢復自由之身，」有人這樣問我，「你晚上怎麼睡得著？」對一群恐懼犯罪、對所看到的法律花招又已經受夠了的觀衆而言，光說我是屬於當事人進行主義制度下的一份子，根本無法滿足他們。

　　更令人意想不到的是，社會各界對於「過度興訟」的人身傷害（personal injury）律師存在著普遍的批判。我們可以理解保險公司、消費者導向的大企業、以及某些政府單位，為什麼會討厭這些追逐救護車的律師。而追逐救護車的理賠代理人，是奉命達成對保險公司有利的和解，那一般的受薪階級——在勝訴收費制（contingency fee）、人身傷害或違反擔保（breach of warranty）的案子裡，他們成為原告的機會比當被告要高得多——對於和這些理賠代理人競爭的私人律師（private lawyers），又有什麼不滿呢？原告的律師幫忙當事人和大保險公司公平談判。儘管他們事實上是出於追求私利的動機，但法律這一行本來就是在自由市場的世界裡運作，這只不過是自由市場的一環而已。

　　當然，勝訴收費制之所以成為一種必要之惡，是因為絕大多數人身傷害案的原告，在拿到賠償金以前，根本沒有能力負擔法律費用，才使這種制度

常常被濫用，特別是那些案情明顯的案子，真正的
爭點其實是金錢賠償。

義憤填膺的原告埋怨律師把太多賠償金或和解
金額放在自己的口袋裡，是有正當的理由。不過被
告對於採取勝訴收費制的律師，就沒有什麼資格抱
怨了。一般民眾對他們應該也沒有什麼敵意才是。

我也不明白為什麼民眾對鼓吹或「煽動」訴訟
的律師，普遍都非常不滿。在最近的一個電視節目
中，華特・歐爾森（Walter Olson）和我就針對這
個問題進行辯論。歐爾森直指那些律師鼓動配偶考
慮撕裂婚姻的廣告。這種廣告我從來沒看過，再說
它們的效果也有限。但我曾經看到有廣告鼓勵父
母，如果孩子有天生的缺陷，可以向律師請教是否
可能涉及醫療過失。

總而言之，我認為這種作法應該是利多於弊。
如果天生的缺陷確實由醫療過失造成，是應該有人
提醒那些幾乎完全不可能意識到自己有什麼權利的

潛在原告，要留意自己索取賠償的可能性。

　　要是結果發現他們的主張薄弱或憑空捏造，勝訴收費機制本身的市場效應，就可能會阻止訴訟的產生。（我們可以說，如果正義與科學都無法證明侵權行為責任（liability）的存在，實體法（substantive law）就不應該認可原告的主張，不過這種論證是為了改變實體法，而不是用來攻擊使者，亦即人身傷害案件的律師。）

　　歐爾森等人所提出的辯論是，訴訟成本都轉嫁到全體消費者身上。不過這樣一來，我們不得不提出一個很重要的問題：所增加的訴訟，能否幫助受到傷害的原告取得公正的補償？是否會提高產品的安全性？能否降低業務過失？如果可以的話，那這些成本就應該讓全體消費者來分擔，正如同防止過失的直接成本，也應該由全體共同承受。

　　諷刺的是，那些大聲疾呼自由市場有哪些優點的人，只要談到了人身傷害訴訟和律師的自律，反

而極力反對自由市場的機制。這是因為一旦傷害到他們自己的口袋,這些偽君子對中性的自由市場就興趣缺缺了——除非對他們有利。

訴訟的增加,對大公司可能沒什麼好處,但卻有益於正義和社會,特別是在沒有權力的人對強權者提起訴訟的時候。顯然地,任何優點一旦過度放任,很可能變成一種缺點。目前那些雞毛蒜皮的訴訟確實是太多了,就像是有效的主張常常會出現太多瑣碎的抗辯。要管制這些過度興訟的情形,可以透過以中立方式運作的合理規則,既不偏袒沒有權力的人,也不偏袒強權者。

但是反射性、全面性地譴責訴訟過多,並不是中立的作法;而是獨厚有錢人、強權者和剝削者,而非貧民、沒有權力的人、和受害者。

歷史上幾位最值得欽佩的律師,都是整天追著救護車跑的,他們讓被褫奪公權的人意識到自己的法律權利,藉此鼓動受害者興訟。像洛夫・納德爾

（Ralph Nader）、瑟古德・馬歇爾、克萊倫斯・
丹諾、和莫里斯・迪斯（Morris Dees）等公益訴訟
的律師，都是鼓勵無力、恐懼、沒受過什麼教育、
以及忿忿不平的原告要求他們的權利。即使是電視
《人民法院》（People's Court）的華普納法官
（Judge Joseph Wapner），也請節目主持人鼓勵上
百萬的觀眾，如果相信自己的怨憤是正當的，那就
「告上法院」。

　　把地方上那些在深夜電視買廣告的人身傷害律
師，和這些無私的傑出法律人相提並論，看起來似
乎很誇張。不過這兩種追逐救護車的作法，達到了
類似的成果：原本不知道自己有權利在法院伸冤的
人，提起了更多的訴訟。

　　所謂訴訟爆炸的反對者——事實上到底有沒有
爆炸，還有爭議——常常以日本這一類的國家為
例，他們的律師和法律訴訟都比我們少得多。但在
大多數像這樣的地方，企業與政府的過失及違法行

為的受害者，都是逆來順受，而不會在法院做出反擊。無論是好是壞，這不是美國的作法。從一百多年前托克維爾（de Tocqueville）下筆談論我們這個新國家開始，這一直就不是美式的作風。我們不妨給追逐救護車、教唆興訟、和各式各樣在法律上找麻煩的人喝采一番吧。他們對——整個社會的——正義、平等、和安全的貢獻，遠超過他們在法律界比較受尊敬的眾多兄弟姊妹，這些律師拿著優渥的律師費，夜以繼日地替有過失（有時候是很刻意的過失）的民事加害人、違反擔保人、環境污染者和其他各式各樣為非作歹的人，進行對公眾有害的辯護。

這些律師並沒有受到應有的詆毀。不管在圈內圈外，他們仍舊備受尊崇。沒錯，每一位被告都有權請律師辯護，不過，如果是在個人受制於政府權力的刑法脈絡下，這個法律標準比較具有強制性，如果是憤怒的受害者控告大企業製造出不安全的環

210

境或污染環境，那又是另外一回事。事實上，即使是刑事案件的脈絡下，任何營運中的犯罪組織，都沒有權利聘請法律顧問——代表——來幫他們繼續爲非作歹。

然而許多民事律師確實協助大企業，繼續延續使其有利可圖的過失和不安全的作爲。想想看，就像是一幫高價的律師，專門靠替香菸業辯護來維生。有的產品雖然有好處，但也會創造風險，而香菸不同，這種東西有害無益。每年因爲煙草而死亡或受到損傷的人——有些癮君子從十幾歲開始，就受到刻意造假的宣傳口號所引誘，這些1940年代的廣告，把香菸包裝得像一種健康用品——比所有的暴力犯罪加起來還多。香菸不只會導致抽煙的人死亡，現在就連不抽煙的人也會受到傷害。任何一個客觀、理性的人，都不會懷疑抽煙和許多不同的疾病之間，有著密切的關係。然而這些律師——有些還是在我國數一數二的事務所任職——在法律的範

圍內，無所不用其極地威脅那些因為香菸引起的癌
症和肺氣腫而瀕臨死亡的當事人。這些律師不但沒
有受到詆毀，反而人前人後備受尊崇，這根本毫無
道理，只能說一般人都很崇敬財富、成功和地位—
—正是代表大煙草公司的律師所具備的特徵。

我還可以舉出許多律師為虎作倀的例子，只不
過恐怕都沒有香菸業的辯護律師這樣讓人一目了
然。重點是，如果你的表現傑出，沒有虛張聲勢，
又有一流法學院的優等學位，很少人會問，你的所
作所為對社會有什麼功效。基本上，目前對於律師
的攻擊，都不是中立或沒有價值取向的。在日漸增
加的訴訟當中，損失最大的是企業利益，這種抨擊
就是企業所精心安排的一種宣傳活動。這種活動一
旦得逞，和大企業之間就會倒退回民眾開始嚴肅看
待自己的權力之前的不公平競爭。任何在乎正義是
否伸張的人，都不會被這場反對訴訟爆炸的遊說活
動所標舉的口號給打動。我們可以做，也應該做

的，是採取某些重要的步驟，來減低目前司法體系
的花費、濫用、誤用和過度浪費。同時應該引進其
他更有效率、金錢和時間的成本也比較低的方法來
解決爭端。勝訴收費制應該受到規範，以避免原告
律師藉此利用那些案情明顯的案子大發橫財。至於
那些以騷擾爲目的而提起或辯護、實際上又不可能
得到是非曲直的案子，應該可以做出制裁才是，但
僅限於這一類的案件。

　　最後，我們應該繼續詆毀那些應該被詆毀的律
師，同時讚美那些應該得到尊崇的法律人，但必須
確定我們能夠把兩者分淸楚才行。

第三十四封信

你能通過

「添加氟化物」的檢驗嗎？

你想成爲一個人身傷害——民事侵權行爲——訴訟的律師。這當然是眞正賺大錢的好地方。唯一年收入能到達九位數的——也就是超過億——就是民事傷害罪的律師。當然，不是全部或甚至大部分的民事侵權行爲訴訟律師，都賺得到八、九位數字的收入，但爲數也相當可觀。自從香菸業開始展開全國性的和解之後，他們更是賺得眉開眼笑。不久之前，我協助佛羅里達州的三位律師，確保他們在一件香菸案中取得高達十位數的律師費的權利，而這件案子在他們的協助下，以高達十一位數的總額達成和解！（這些身價數十億的佛州律師還想拖欠我這筆微不足道的費用，但最後還是把我的錢付清了。）

有些民事傷害罪的律師賺到的錢，直叫人瞠目結舌。按鐘點計算，他們一小時的律師費高達上萬元。其中有些人的能力其實相當平庸，頂多只是認識了適當的政治人物，靠人脈來幫忙拉生意。而其

他人則辛辛苦苦地做對社會有益的事。這些從事民事侵權行為訴訟的律師也有風險，這是因為他們必須勝訴——或是和解——才能拿到律師費。當事人要是拿不到賠償金，他們也拿不到一毛錢。不過他們對這一點早就心知肚明，因此，除非有把握至少能得到一點收穫，否則他們很少貿然接案。

如果你決心成為一名民事侵權行為訴訟的律師，就要不斷向自己問一個我所謂「添加氟化物檢驗」的問題。我小時候，牙醫界對於是否應該在飲用水裡添加氟化物來減少蛀牙的數量，尤其是兒童蛀牙，曾經展開一場辯論。大多數的牙醫都很正派，就支持添加氟化物，即使明知道這會影響他們的生意。畢竟蛀牙減少了，補牙和收費也會跟著減少。然而有些自私的牙醫，就把自己的荷包看得比病人——以及一般民眾——牙齒的健康還重要。他們想出各式各樣合理化的說法——包括醫學、政治、和經濟上的藉口。（我最喜歡的一個說法是，

當地的牙醫告訴我一個親戚，小孩得有幾個蛀牙才
行，這樣他們非得去看牙醫不可，就會查出其他比
較嚴重的毛病。）

　　「添加氟化物檢驗」的問題和人身傷害罪訴訟
律師的道德有什麼關係？每當有人提出一個對他們
的當事人和一般民眾都有幫助，卻會對他們個人造
成若干損失的建議時，他們就必須問自己一個類似
的問題。例如刑事律師全國公會（the National Association of Criminal Lawyers）就極力鼓吹把許多吸
食毒品罪除罪化、廢除死刑、擴大法律扶助、以及
其他會害許多刑事律師生意一落千丈的改革。他們
成功通過了添加氟化物的檢驗。美國訴訟律師公會
（the American Trial Lawyers Association），也就是
人身傷害罪訴訟律師的同業組織，從來沒有主動提
倡和他們自己口袋過不去的革新。對於這些威脅到
荷包的改變，他們也把自己的反對給合理化，辯稱
對他們有好處的事情，對他們的當事人也有利。或

許這在大多數時候都是對的，但顯然並非百分之百如此。勝訴收費是從他們當事人的口袋裡出錢。目前所提出的改革方案，顯然是嘉惠當事人，而犧牲他們律師的利益。正派的律師應該要支持這些改革才是。

第三十五封信
法學院畢業生

各位即將在一個充滿了精采的機會和挑戰的時代畢業。現在注意了！你們即將進入一個在倫理上詭譎多變的行業。這些危險地點多半沒有標示出來，有時候甚至標示錯誤。腐化的可能性永遠存在，你們以後就會知道——正如同〈傳道書〉早在各位之前已經看出來——惡人得到獎賞，好人得到懲罰。你會發現身邊到處都是高明的菁英詐騙形式，心裡也蠢蠢欲動，因為報酬實在很高，而風險又低得不得了。這成了許多人的生活方式——例行公事——他們連想都不想就欣然接受。如果你是一名法官助理，就會看到法官扭曲事實和法律，籠絡律師，並且做出結果導向的判決，反映出他們的政治理念、野心和偏見。因為你會喜歡你的法官，就可能對老闆的所作所為視而不見。或者更糟糕的是把他們的倫理納入自己的倫理當中。如果你是高階檢察官，就會看到你的前輩如何巧妙地促使作偽證的警察做得更天衣無縫，或是忽略他們的客觀性義

務。如果你是一位辯護律師，就會看見同僚操弄證人，同時賣弄他們和檢察官及法官的交情。如果到法律事務所任職，就會聽到合夥人明明在做其他的事情，卻向客戶超收鐘點費。你會和律師公會一起向專業倫理有問題的律師致敬，還會看見誠實的律師丟了飯碗或客戶，只因為別人認為他們不夠積極。現在輪到你來選擇，要不要為了贏得最大的成功，而接受倫理上的妥協。

你會成為哪一種律師？你會和這種無所不在的詐騙菁英同流合污嗎？還是要堅持自己內心比較崇高的個人和專業道德標準？你必須做出選擇。這由不得你。你不能永遠保持被動。非得選擇一條路走不可。你會接受浮士德式的魔鬼交易，還是斷然拒絕？和浮士德不同的是，許多律師從來沒有做出明確的抉擇。他們只是隨波逐流，自然而然地走向社會普遍接受的菁英腐敗形式，根本沒有像哈姆雷特經歷一場「是生存還是死亡」的思考。大多數越過

防線、走向腐化的律師，都沒有清醒而明白地決定
自己要走上腐敗之路。他們並不是在精心計算下刻
意跨越這道防線。只是不斷向前趨近，一直到猛然
發現——有時候一直沒有發覺——自己早已跨越了
那條線。

　　而許多界線模糊不清，多少也是個問題。這些
界線之所以被刻意弄得這麼模糊，是為了讓紀律委
員會和法院擁有最大的裁量自由。另外一個相關的
問題是，只有少數腐敗的律師會被逮到——像韋
伯‧赫勃爾那樣在東窗事發之後顏面盡失。赫勃爾
絕對知道以他在司法部的高級職位，必然要受到嚴
格的檢驗——明知道自己曾經對當事人和事務所超
收費用——他願意冒這個險，顯示他認為自己壓根
不可能被逮捕和起訴。

　　悲哀的是，一份成本–效益分析，很可能會釀
成菁英腐敗的生活，把人變成那種整天抱著電話本
和支票簿，而非鑽研法律書籍的律師。洛伊‧康

（Roy Cohen）有一句名言，「我不在乎對手懂不懂法律，只要我認識法官就行了。」現在腐敗的律師多半不會把話說得這麼白，不過他們相信——也這麼告訴潛在的當事人——自己和操縱當事人生殺大權的法官或檢察官交情匪淺。問題就是他們可能並沒有錯，至少在某些法官和檢察官身上，這一套是行得通的。我和其他許多人，都曾親眼目睹。

有一位歷史上最偉大的法官，因為身歷其境、親眼目睹，所以很瞭解腐化是怎麼回事：他自己的父親就很腐敗。班傑明‧卡多佐（Benjamin Cardozo）一生都在和腐敗對抗——過著純法律的專業生活。也早就下定決心，不隨波逐流。他很清楚自己想做哪一種律師——哪一種人。他後來成為一名法官。從某種意義上來說，想要不犧牲任何原則，做一個符合倫理和道德標準的法官，是比做一個絕不出賣個人道德的律師簡單多了。

在倫理上，刑事辯護律師為了當事人的利益，

必須直接向法律及倫理所容許的行爲界線挑戰。因
爲你——當事人的律師——在道德上，對於採用這
種手段感到不安，而使得刑事被告得不到法律所允
許的戰術利益，等於是否定了他得到律師爲他熱心
辯護的憲法權利。舉個例子，如果可以對目擊證人
的指認提出有效的質疑，即使你知道——因爲你的
當事人私下告訴你——證人說的是實話，還是必須
向一名使被告入罪的證人進行交叉詰問。如果你知
道某一件證據能夠決定一位有罪的當事人是被定罪
還是被無罪釋放——而且還會再殺人——**一定要**引
用證據排除法則，避免讓陪審團審視足以導致被告
入罪的證據。你可以**不說謊**，但只要用的是專業倫
理許可的手段，就可以試圖製造出不實的判決
（false verdict）。

　　但許多年輕的律師都不瞭解這種危險權利的界
線在哪裡，也不明白這種權利只能用來爲其他人進
行辯護，而不能延伸到和自己的生活有關的個人和

專業決定上。若非擔任訴訟代理人，就沒有權利挑戰這條界線或採用「只要目的正當，可以不擇手段」的計算。

事實上，太多律師把道德的計算逆轉過來：他們把應為他人熱心辯護的原則逆轉過來。在為他人辯護時不夠熱心，在支援自己的財務目標時，又過度積極了。

〈申命記〉告訴我們，「你要追求至公至義。」註解聖經的人問為什麼要連續說「至公至義」。按照我自己的詮釋，這是為了訓誡大家，在代表他人和代表自己的時候，正義有著不同的意義。

對於倫理衝突，要事先做好心理準備。現在的詐騙往往充滿了魅力和誘惑。瞭解自己的價值觀。專業責任守則（ the Code of Professional Responsibility ）解決不了你所有的衝突矛盾。你當然必須遵守，不過這些只是最低的標準而已。

徹底思考自己的標準。

要有大膽的夢想。

要做偉大的事業。

千萬要記住希列的第二條誡命：

如果我只是為了自己一個人，

那我是什麼？

第三十六封信
大學畢業生

　　將近40年前，我坐在一個和這裡差不多的地方，周圍的家人既驕傲又害怕。他們驕傲，因為我──和我班上的許多人，以及各位班上的許多人一樣──是近親之中第一個完成大學和法學院教育的人。害怕，是因為我的家人知道，為了要得到這些良好的教育，我們一直被要求──確實不著痕跡，但仍舊是一種要求──和20世紀美國的魔鬼簽訂浮士德的合約。這筆交易是這樣的：為了跟著全世界最優秀的幾位教授學習，我必須否定我的傳統、我的族群、我的宗教背景和文化遺產。受到這種要求的，不只是我以及和我有共同信仰的人，我的愛爾蘭裔－美籍同學、我的義大利裔－美籍同學、我的西班牙裔－美籍同學，還有其他族裔的同學──名稱裡都有一個「連字號」（"–"）。這種要求是出於最善意的動機。在當年，大學和法學院的任務之一，就是把我們美國化、同化、同質化。彷彿聖經的第十一誡和憲法增修條文的第二十四條的條文

是：「當融入叫作美國的大熔爐，變得更像是建立這個偉大國家的『眞正』美國人。」許多人也眞的融合了。他們把名字和鼻子縮短，口音和行爲舉止也更加優雅。我們學會穿花呢，也嘗試著抽煙斗。

我們有些人保留著原來的鼻子和名字。不久之前，有一位政要讀了我的書《無恥》(*Chutzpah*)，告訴我他的生命中也曾經出現過和我類似的情境。他也是法學院畢業的，而且和我一樣，他求職的每一間華爾街事務所，都拒絕了他的申請。法學院院長說他最好改個名字。他當晚回家之後，列出了一排可能的名字，最後想出了「馬克・康拉德」。然後他看著鏡子裡的自己說，「我不是馬克・康拉德。我是馬力歐・庫摩，我就要繼續叫這個名字！」

他在我的書裡面指出的那一段，講的是我在哈佛教書的頭幾年常常做的一個夢。在夢裡，我站在哈佛庭院的正中央，一頭是我的母親，另一頭是當時哈佛的校長德瑞克・伯克（Derek Bok）。兩個

人都盯著我瞧，看到的卻是兩個截然不同的人。在伯克眼中，我是猶太小鎮上的一名猶太人，兩邊各留著一綹頭髮，戴著祈禱披肩；我的母親則把我看成一個被同化的白人，手上拿著一根馬球槌。從許多方面來看，這是在所有的可能當中最糟糕的一種情況。我們的父母認為我們已經和「他們」連成一氣，揚棄了自己的傳統；然而在「他們」眼中，我們只是祖父母的翻版，仍然住在猶太區裡，只是比較年輕罷了。

然後鐘擺突然又擺動了：部落文化、分離主義、找人當代罪羔羊、誹謗、宣稱自己高人一等，已經成為當今的顯學；法拉坎（Farrakhan）、列文（Levin）、傑佛里斯（Jeffries）、柯漢（Kahane），每一個宣揚的都不只是驕傲，而是偏見和種族或宗教優越。這就是夜郎自大。

鼓吹檢查制度、解雇、政治正確、政治不正確、以及挑釁和反挑釁，這些呼籲充斥在空氣中。

大學校園變得像一個學術版的貝魯特或塞拉耶佛，
評斷人們的標準，已經不再是他們人格的內容，而
是皮膚的顏色、民族淵源、宗教、性別、性取向和
族群。

在入學許可和人事聘用的決定方面，到底要對
種族、族群、性別和其他類似的因素賦予多少重要
性，出現了非常激烈的辯論——而且現在還在激辯
中。法院的判決讓人看得頭昏眼花，而且把問題更
加複雜化。在各方面都有合理化的說法，不過最後
往往歸結到1955年，我跟移民來美的祖母說布魯克
林的道奇隊終於贏得了季後賽時，她所問的那個問
題：「這對猶太人有沒有好處？」對我的特定族群
是好是壞？如果對其他族群有好處，對我一定有壞
處。正當地追求平等，並不是一場零合遊戲！

我今天要呼籲各位，保有驕傲而捐棄偏見，保
持族裔而拋棄優越、保存文化遺產而揚棄霸權。我
相信是在積極地保持並運用驕傲的同時，是有可能

不減損別人的驕傲、不歸咎他人、也不找其他人當代罪羔羊。這是一項艱困的挑戰。融化和融合算不上挑戰。分裂和找代罪羔羊也很簡單。但真正的挑戰是在承繼文化遺產的同時，不會貶損別人的遺產。

當各位走入商業界或擔任公職的時候，不要拋棄你的遺產！要抱持著對傳統、家庭、族群、性別、和民族的驕傲，大步向前邁進。

留著那個「連字號」！這是美國歷史上最重要的標點符號。威爾遜總統不應該批評「有些美國人需要連字號」，羅斯福總統宣稱「連字號和愛國主義不相容」，也是蠢事一樁。是這些有連字號的美國人，讓這個國家變得獨特。

非裔－美國人、西班牙裔－美國人、亞裔－美國人、 阿拉伯裔－美國人、義大利裔－美國人、俄羅斯裔－美國人、希臘裔－美國人、愛爾蘭裔－美國人、女性－美國人、同性戀－美國人、原住民－

美國人、猶太裔－美國人——這些加了連字號的美國人把這個國家從19世紀的一個具有莫大潛力的國度，變成了歷史上最偉大的國家。

我們之所以偉大，在於我們是全球歷史上最多樣化、最多種族、最多語言、最多族群、最多宗教的國家。我們都是移民的後代——除了我們的祖先曾試圖毀滅的原住民美國人以外。許多人的祖先當初都是非法入境的移民：我自己的祖父從根本不存在的猶太教堂弄來假的書面宣誓，表示他們需要拉比，因此讓我們家幾十口人躲過了大屠殺。這些非法移民的兒女現在已經成為舉足輕重的教育家、商人、和具有生產力的公民。

沒錯，我們都是美國人，但我們每個人都為這個全國大熔爐的風味注入了一種特殊的成分。理念的市場必須對所有人開放。如果要以政治正確的名義進行檢查，我建議那些人回顧校園裡瀰漫著政治正確的1950年代的歷史。不過當年有權力界定什麼

叫政治正確的人，是出身右派而非左派。今天的政治正確，在1950年代就是麥卡錫主義，但是因為附帶了國家制裁，所以當年比現在危險得多了。我們絕不能把自己的自由交給右派或左派。必須相信理念的市場，尤其是大學校園裡的理念市場。

　　最後我要說一個故事，這個故事出自我獨特的文化傳統，是我在猶太教法典裡最喜歡的一個故事。講的是一門財產法的課。老師說如果有人在距離某個人的房舍超過50呎的地方發現了一隻貴重的禽鳥，就屬於發現的人所有。但如果是在距離不到50呎的地方發現，這隻貴重的禽鳥就屬於發現地點附近房舍的主人所有。年輕的耶利米亞是一個學生，就舉起手問了下面這個問題：「可是，拉比，要是鳥的一隻腳在50呎以內，一隻腳在50呎以外呢？」猶太法典上說，「耶利米亞因為問了這個問題，而被趕出猶太學校。」

　　我很喜歡這個故事，因為我上的是教會學校，

也曾經問過這種問題，還曾經被學校趕出來。後來
我念了法學院，學到每個棘手的問題就像這隻鳥一
樣，一隻腳在線的這一邊，一隻腳在線的那一邊。
驕傲的腳、偏見的腳、言論自由的腳、盲從的腳。
因此我衷心要求各位，在你們邁向世界的時候，永
遠不要忘了你們的文化根源，也不要從此停止提出
棘手的問題。

第三十七封信
爲什麼要當好人？

對大多數的人來說，除了單純地遵守法律以外，「爲什麼要當好人？」是一個很簡單的問題。因爲上帝的指示、因爲聖經的要求、因爲好人會上天堂，而壞人會下地獄。絕大多數的人都是從宗教中學會道德。這不是說有宗教信仰的人就有道德或好的品格——差遠了。但我們很容易理解，一個相信上帝有賞有罰的人，爲什麼會盡量在行爲上符合上帝的誡命。一次成本–效益的分析，應該足以讓任何一個信徒相信，墮入地獄的永恆成本，超過了惹火全知全能的上帝所得到的世俗利益。即使是釋懷論者，或許也傾向於化解有關支持遵守宗教命令的疑慮，巴斯卡三百多年前就說過，「你必須下注。這由不得你選擇。你已經回不了頭……我們來衡量一下，賭上帝存在會有哪些得失。我們估計一下這兩種機率。如果贏了，就贏得一切；如果輸了，一點損失也沒有。那就不要猶豫，賭上帝存在吧。」

　　我一直認為「巴斯卡的賭注」是有問題的，因為任何值得我們信仰的上帝，應該比較喜歡誠實的不可知論者，而不是攻於計算的偽君子。根據一份成本——效益的分析來宣誓自己的信仰，是把宗教變得平庸了。舉例來說，想想湯瑪斯・摩爾是如何決定寧願要面對人間的死刑，也不要墮入永恆的毀滅。當國王命令我們做一件事，而上帝命令我們做另外一件事的時候，一個相信上帝的人，根本沒有選擇。據說摩爾是這樣說的：「議會的法令就像是一把兩面刃，一個人如果這樣回答，它就會毀滅他的靈魂，如果那樣回答，就會毀滅他的肉體。」

　　摩爾遵守上帝的命令，為了永恆救贖的應許，放棄了他在人間的生命。因為捨身殉難——因為他的善良——摩爾得到了聖徒的光榮。

　　我一直不太懂，為什麼堅決相信自己是在遵行上帝意旨的，就被認為是「好人」，甚至是「英雄」。對他們來說，這是一個為了達到他們本身最

佳利益的策略性選擇，一個成本——效益分析的簡單結果。摩爾似乎遠比幾百年來奉承他的那些人更瞭解這一點。

對一個相信靈魂不朽，而肉體僅是短暫的人來說，這只是選擇了那把刀斬斷塵世生命而保存靈魂的一面。天堂和地獄是永恆的，而塵世的生命，特別是到了摩爾那把年紀，只不過是短短數載。因此，要是摩爾真的相信死後的賞罰，那就不是什麼英雄。他選擇死亡，而不是毀滅，最多只是展現出他至死不渝的信仰；放棄幾年塵世的生命，換取天堂的永恆，是一筆聰明的交易，足以讓他光榮地進入虔誠信徒的神殿，但英雄的神殿裡，不會有他的位置。

我們還是要面對這個基本的問題：對一個堅定的信徒而言，既然相信上帝的力量勝過任何一位君王，那聽從上帝的命令做事，為什麼就比服從國王的命令更高貴？一般來說，我們不會認為服從強權

者的意志，有什麼特別值得讚美的地方，只有強權者才會這麼想。只要上帝和教宗下令，摩爾就會參加11世紀滅絕異教徒的十字軍東征嗎？若是如此，他還能正正當當地被看成一個好人嗎？這個問題不只可以應用到基督教的信徒身上。我曾經好奇，猶太人為什麼要讚美亞伯拉罕願意在上帝的命令下殺死自己的兒子。一個真正的英雄，如果相信上帝是有賞有罰的，對上帝不義的命令應該拒不受命，冒著惹火上帝的危險，如同一個真正的英雄，在野蠻的十字軍東征戰役，就會拒絕上帝殺害「異教徒」婦孺的命令。

真正的英雄——真正的好人——是一個寧願冒著在地獄萬劫不復的風險，也會拒絕上帝不義要求的信徒。18世紀偉大的拉比，別爾切夫的利未‧以撒（Levi Isaac of Berdichev），就是這樣一位英雄。他提起控告上帝的宗教訴訟，還告訴上帝說，如果危害到猶太人的福祉，他將拒絕遵守任何神的

命令。利未‧以撒這樣很可能受到神的懲罰，但他一派英雄氣概。他相信上帝有力量懲罰他，但也相信上帝的作法是不義的，於是站起來向上帝反抗。他向上帝挑戰，是遵循英勇的亞伯拉罕的傳統，而不是仿效順從的亞伯拉罕。前者和上帝爭論祂把無辜者和有罪的索多瑪城一併犧牲的意志，後者卻願意順從上帝不義的命令，犧牲無辜的以撒。（或是溫順至極的約伯，上帝不公不義地殺死約伯的兒女，只爲了證明給魔鬼看，後來約伯還因爲自己懷疑上帝的公義而向祂道歉。）

因此，要判斷一個相信神有賞有罰的信徒是否善良，就會碰到這種複雜的難題。那些遴選殉道者和聖徒的宗教領袖，是不能兩者兼得的。他們沒辦法同時宣稱一個人既是英雄，又是信徒，因爲這兩種榮譽在邏輯上彼此矛盾。一個全心相信的信徒，寧願死亡也不要永恆的毀滅，算不上什麼英雄。眞正的英雄一定不是一個全心相信的信徒。眞正的英

雄是為了原則而死——例如，為了拯救別人的性命
——沒有任何獎賞的應許。

除非摩爾（其實是個偽君子），假裝相信死後
的生命，但骨子裡其實不相信，這樣他就有資格得
到英雄的地位，不過這樣一來，他就不能得到真正
信仰——和誠實——的榮耀。

在兩者之間，確實還有一個中間的立場。摩爾
很可能是一個努力要相信，卻又按捺不住懷疑的
人。我懷疑現在許多富於思考的人，也是站在這個
立場。如果摩爾是這樣的人，那他決定選擇死亡，
就會帶來某種程度的風險。也許他放棄塵世的一鳥
在手（也就是他剩餘的生命），可以換到天國的二
鳥在林（也就是可能進入天國的機會）。但這也是
一種計算，只不過是一個比較複雜的或然率計算。
（我的意思不是說宗教殉道者一律是有意識地這樣
想，不過在某種程度上，他們一定有過像這樣信
仰、計算和行動混合的經驗。）

這不是說有信仰的人就不可能有真正的道德。這當然是有可能的。少了獎賞的應許或是懲罰的威脅，他們還是會遵守道德。不過，我的意思是說，行為在某種程度上是由這樣的應許和獎賞所決定的，要衡量行為中固有的道德本質，很難脫離這種行為的策略性成分。

可是無神論者、不可知論者、還有那些其他在做出道德決定時，完全無視於什麼上帝，或者死後應許或威脅的人呢？為什麼這樣的人就應該有道德？為什麼他們就應該培養出良好的品格？為什麼他們就不能做對自己最有利的事？

連聖經都提供了這種人的模範。〈傳道書〉的作者明白告訴我們，他（或者是她，因為〈傳道書〉原始的希伯來文是Koheleth，也就是「女子收集者」的意思）根本不相信什麼死後的世界。

有義人行義，反致滅亡；有惡人行惡，倒享長

壽；這都是我在虛度之日中所見過的。

　…因爲世人遭遇的，獸也遭遇，所遭遇的都是一樣。這個怎樣死，那個也怎樣死，氣息都是一樣，人不能強於獸，都是虛空。都歸一處，都是出於塵土，也都歸於塵土。誰知道人的靈是往上升，獸的魂是下入地呢？

　那就難怪〈傳道書〉最後會說「故此，我見人，莫強如在他經營的事上喜樂，因爲這是他的分，他身後的事，誰能使他回來得見呢。」接著〈傳道書〉建議用享樂主義的自私，來面對死後世界的不存在：「我知道世人，莫強如終身喜樂行善。並且人人吃喝，在他一切勞碌中享福──這也是神的恩賜。」

　〈傳道書〉錯了。就算沒有天國和地獄，人類也有強過終身喜樂的充足理由。眞正道德的人，即

240

使沒有任何獎賞的應許或懲罰的威脅，都會做該做的事──不做任何成本──效益的分析。因爲上帝的指示而做一件事，不會讓一個人有道德：只能表示這個人是謹愼的信徒，就像是遵從一位全能世俗君王的命令。亞伯拉罕因爲上帝叫他這麼做，就願意犧牲兒子以撒，這不會使他成爲一個道德的人：只是顯示出他是一個順從的人。已經有太多人像亞伯拉罕那樣，把道德責任推卸給上帝。因此，爲了討論品格和道德起見，我會假設沒有一個命令、獎賞、懲罰、或出手干預的上帝。不管是不是眞的──不管「眞的」在信仰的脈絡裡是什麼意思──這都是一個有用的啓發性手段，藉此進行品格和道德的評估。正如巴斯卡所說的，最謹愼的賭徒，是把永恆的賭金押在上帝身上，因此，假設上帝不存在，藉此來判斷人類的行爲是否應該被認爲是善行，也是一個很有用的構思。哈西德敎派有一個很精采的故事，說的是一個拉比被問到，如果就當作

241

上帝並不存在，到底適不適當。他回答說，「是的，如果有人要求你捐助慈善工作，你就應該當作沒有上帝來幫助慈善工作的對象。」我認為道德和品格也一樣：在判斷什麼樣的行為過程是道德的時候，應該當作根本沒有上帝存在。同時也應該當作沒有塵世懲罰的威脅或獎賞。當一個品格良好的人，應該是因為作這樣的一個人是對的。

我想起了一篇連環漫畫，畫的是一個已婚的老男人，和一個年輕的女子流落在荒島上。老男人向她求歡，說「永遠也不會有人知道」。這個女子回答說，「我會知道」。用「我會知道」來檢驗良好的品格，是很有用的。

在一個沒有神聖或塵世刑罰的威脅、也沒有應許神聖或塵世的獎賞的世界，良好品格的內容又是什麼？在這樣的一個世界裡，人們所做的每一件良好行為，都純粹是因為行為者認為這是好的。在這樣的世界裡，良好的品格是要在經常相互競爭的利

益之間，取得適當的平衡，例如自己和他人的利益，現在和未來的利益，家人（部落、種族、性別、宗教、國族等等）和陌生人的利益。從盤古開天以來，文明的人類就一直想達到中庸之道。偉大的拉比希列說得好，「如果我不爲我自己，還有誰會爲我，如果我只是爲了自己一個人，那我是什麼？」

要成就良好的品格，必須認知到我們每個人與生俱來的自私，並試圖用我們每個人所追求的利他主義來加以平衡。這個平衡很難達成，但是任何一種有關何謂良善的定義，都少不了這種平衡。

律師可能比其他大多數的人更需要強烈的道德核心，一方面是因爲他們的專業領域在倫理上曖昧不明，也因爲到處都充滿了走道德捷徑的誘惑。對某些人來說，這個道德的核心將出自宗教信仰，對另外一些人而言，則是出自一種哲學上的承諾，然而對其他人來說，這個道德的核心是來自我們取得

律師執照時的誓詞。無論出自何處，這個道德核心
都應該作爲一種評價專業判斷的常數。

給青年人的信
給青年律師的信

2006年9月初版　　　　　　　　　　　　　　　定價：新臺幣280元
有著作權・翻印必究
Printed in Taiwan.

著　　者　Alan Dershowitz
譯　　者　楊　惠　君
發 行 人　林　載　爵

出 版 者　聯經出版事業股份有限公司　　　　叢書主編　陳　英　哲
台 北 市 忠 孝 東 路 四 段 5 5 5 號　　　校　　對　趙　蓓　芬
編 輯 部 地 址：台北市忠孝東路四段561號4樓　　封面設計　翁　國　鈞
叢 書 主 編 電 話：(02)27634300轉5042
台 北 發 行 所 地 址：台北縣汐止市大同路一段367號
　　　　電　話：(02)26418661
台北忠孝門市地址：台北市忠孝東路四段561號1-2樓
　　　　電　話：(02)27683708
台北新生門市地址：台北市新生南路三段94號
　　　　電　話：(02)23620308
台 中 門 市 地 址：台 中 市 健 行 路 3 2 1 號
台 中 分 公 司 電 話：(04)22312023
高 雄 門 市 地 址：高 雄 市 成 功 一 路 3 6 3 號
　　　　電　話：(07)24128028
郵 政 劃 撥 帳 戶 第 0 1 0 0 5 5 9 - 3 號
郵　撥　電　話：2 6 4 1 8 6 6 2
印 刷 者　世 和 印 製 企 業 有 限 公 司

行政院新聞局出版事業登記證局版臺業字第0130號

國家圖書館出版品預行編目資料

給青年律師的信 / Alan Dershowitz 著 .
楊惠君譯 . 初版 . 臺北市：聯經，2006 年
（民 95）；264 面；13×19 公分 .
（給青年人的信）
譯自：Letters to a Young Lawyer
ISBN　978-957-08-3059-0（精裝）

1.德修茲（Dershowitz, Alan M.）-傳記
2.律師-美國-傳記

785.28　　　　　　　　　　　95016761